Dr. med. Christiane Northrup

Vom Schatten ins Licht

Wie Sie Energieräuber erkennen und sich von ihnen befreien können

Aus dem Englischen von Christina Knüllig

All den Lichtarbeitern gewidmet.
Unsere Zeit ist endlich gekommen.

Inhalt

EINLEITUNG

Von Empathikern und Vampiren

Ich habe ein Leben lang auf dem Gebiet der Gesundheit und Heilkunde gearbeitet – zuerst als konventionell ausgebildete Gynäkologin und Chirurgin und später als Lehrende auf internationaler Ebene. Dabei habe ich es mir zur Aufgabe gemacht, bei Frauen ein Bewusstsein dafür zu schaffen, was in ihrem Körper gut läuft. Und, was noch wichtiger ist, wie sie dieses Bewusstsein in ihrem täglichen Leben umsetzen können.

Während meiner Jahrzehnte an vorderster Front der Frauengesundheit habe ich unzählige Frauen unter scheinbar unerklärlichen Gesundheitszuständen leiden sehen. Diese Frauen essen gut. Sie machen Sport. Sie sorgen für sich. Sie managen Familien, Jobs, Haushalte. Auf dem Papier sieht alles großartig aus, aber wennn ich mich näher mit ihrem Leben beschäftige, finde ich heraus, dass es etwas gibt, das die Wurzel ihrer Probleme ist – eine Person, die ihnen buchstäblich das Lebensblut abzusaugen scheint. Diese Leute bezeichne ich als Energievampire oder Energieräuber.

Die meisten Frauen (und auch Männer), die von Energievampiren betroffen sind, sind mitfühlend, liebevoll und sehr mit dem Wohlergehen der Menschen um sie herum befasst. Sie nehmen die Energie anderer Menschen in einem Maße auf, das über bloßes Mitgefühl weit hinausreicht. Sie sind nicht bloß bedrückt, wenn sie jemanden leiden sehen; nein, sie fühlen ebendieses Leiden, als ob sie den Schmerz, den andere erleben, aus erster Hand erfahren würden. Diese Frauen fallen in eine Kategorie von Menschen, die man hochempathische Menschen, Empathiker, nennt. Ich schätze, dass Sie sich beim Lesen in dieser Beschreibung durchaus ein wenig wiedererkennen.

Bis vor Kurzem wurden Energievampire von der Gesellschaft im Allgemeinen und dem Medizin- und Rechtsbereich im Besonderen weitgehend ignoriert und keiner Diagnose unterzogen. Deshalb mangelt es an Verständnis, wie problematisch sie sind.

So wusste auch ich nicht, wie sehr sie das Leben meiner Patienten beeinflussten, bis ich, angeregt durch meine eigenen Lebensumstände, nachzuforschen begann. Als empathischer Mensch glaubte ich fälschlicherweise, dass alle das gleiche Einfühlungsvermögen und Mitgefühl hätten wie ich. So nahm ich an, dass, egal wie viel Schaden jemand seiner Familie oder den Kollegen zufügt, er oder sie tief in ihrem Herzen ein guter Mensch sei, der es gut meint. Diese Menschen lebten einfach ihren verdrängten unausgesprochenen Schmerz aus, dachte ich.

Nie ist es mir in den Sinn gekommen, dass es Menschen gibt, die tatsächlich Raubtiere sind – die auf die Freundlichkeit, das Vertrauen, den guten Willen, die Offenherzigkeit und den Einfallsreichtum anderer Jagd machen. Ich konnte mir nicht vorstellen, dass es Menschen gibt, denen es an Empathie, Mitgefühl, Fürsorglichkeit und der Bereitschaft oder gar Fähigkeit zur Veränderung mangelt. Aber genau das ist es, was Energievampire ausmacht. Sie sind Chamäleons, die Meister der Manipulation sein können und von anderen das bekommen, was sie wollen, ohne etwas zurückzugeben.

Ahnungslose Empathiker öffnen oft ihre Herzen, ihre Bankkonten und Körper, um Vampiren zu helfen, ihre angeblichen Verletzungen zu heilen, die es in Wahrheit gar nicht gibt. Das liegt nicht daran, dass Empathiker Narren sind. Der Grund liegt in dem unheilvollen Zusammenspiel verschiedener Faktoren. Da ist zum einen der empathische Mensch, der gern eine heilende Kraft wäre, konfrontiert mit den räuberischen Fähigkeiten des Vampirs – und hinzu kommen die unverheilten Wunden des einfühlsamen Menschen, der meint, das Gute im Leben nicht zu verdienen.

Dass an dieser These etwas dran ist, wurde mir selbst durch verschiedene Begegnungen und Beziehungen klar. Diese Beziehungen haben mich so ausgelaugt, dass ich meinte, verrückt zu werden und mich selbst zu verlieren.

Natürlich gab ich zunächst mir die Schuld und wollte alles besser machen. Was hatte ich nur falsch gemacht? Wie sich herausstellte, war das Einzige, was ich falsch gemacht hatte, dass ich den Menschen in der Absicht, sie gesund zu machen, zu viel gab, ohne auf meine eigenen Bedürfnisse und mein Wohlbefinden zu achten. Ich hatte keine Ahnung, dass so viele Menschen in meinem Leben Energievampire sind.

Dies geht im Übrigen vielen so, die Beziehungen zu Energievampiren eingehen. Oft merken wir nicht, dass wir es mit einem dieser Herren der Finsternis zu tun haben, bis wir körperlich krank werden, unsere Freunde, unsere Arbeit, unser Einkommen, unsere besten Jahre und schließlich sogar unser Selbstwertgefühl und unsere Würde verlieren.

Die Sache mit den Energievampiren ist, dass sie sich auf diejenigen konzentrieren, die sich am ehesten mit ihrer Taktik abfinden – und das sind vor allem mitfühlende Menschen. Energievampire wissen, wie sie dies zu ihrem Vorteil nutzen können – und zum Nachteil der empathischen Person.

Aber es gibt auch Hoffnung. Psychologie und Gesellschaft haben endlich begriffen, wie diese Energieräuber arbeiten – und wie berechenbar sie sind. Mittlerweile hat man bestimmte Persönlichkeitsmerkmale und Manipulationstaktiken klar definiert und gelernt, woran man Vampire erkennt und welche Wege es gibt, um Beziehungen mit ihnen zu beenden.

Das ist auch der Grund, warum ich dieses Buch geschrieben habe. Ich möchte hier das Beste aus der Forschung zum Thema zusammenführen und es mit meinen eigenen Erfahrungen sowie denen der Menschen aus meiner Community verknüpfen. Im ersten Teil dieses Buches werde ich zunächst die Beziehungsdynamik zwischen Hocheinfühlsamen und Vampiren beschreiben, samt der Folgen, die sich daraus ergeben.

In Teil II schließlich leite ich Sie durch klar strukturierte Abläufe, mit deren Hilfe Sie wieder zu sich finden, genesen und lernen, in Zukunft Energievampiren aus dem Weg zu gehen. Ich möchte jedoch anmerken, dass die Genesung von einem Missbrauch durch einen Energieräuber ein ziemlich einzigartiges Unterfangen ist. Bei allen Gemeinsamkeiten wird Ihr Weg der Gesundung anders sein als der anderer Menschen. Betrachten Sie dieses Buch also nicht als strikte Gebrauchsanweisung, sondern als eine Handreichung verschiedener Methoden. Manche davon werden für Sie passen, andere nicht. Wählen Sie aus, was für Sie funktioniert. Ich verspreche Ihnen, dass Sie, wenn Sie den Ratschlägen in diesem Buch folgen, die Dunkelheit hinter sich lassen und wirkliches Wohlergehen, schöne Beziehungen und ein freudvolleres Leben erlangen werden.

Als empathischer Mensch haben Sie besondere Gaben. Ihr Mitgefühl und Einfühlungsvermögen wirken wie Balsam für die Menschen in Ihrer Umgebung und auf der Erde insgesamt. Sie sind eben nicht auf die Welt gekommen, um Vampiren als Energiezufuhr zu dienen. Sie sind hier, um Ihr Licht in die Welt zu tragen.

TEIL I

Die Dynamik verstehen

1. KAPITEL

Eine hochsensible Seele

Wenn Sie auf dieses Buch aufmerksam geworden sind, dann haben Sie vielleicht schon einen schleichenden Verdacht, dass mit einer Ihrer Beziehungen etwas nicht stimmt. Vielleicht die Beziehung zu einem Elternteil, einem Ehepartner, einer Kollegin, einem Geschwister, Ihrem Kind oder sonst jemandem, mit dem Sie viel zusammen sind. Auch wenn Sie diese Person lieb haben und sie respektieren, fühlen Sie sich doch jedes Mal, wenn Sie mit ihr zusammen waren, ein wenig neben der Spur. Vielleicht fühlen Sie sich auch einfach ausgelaugt, erschöpft und müde – als ob die Energie buchstäblich aus Ihnen herausgesaugt wurde. Wenn Ihnen das bekannt vorkommt, ist es wahrscheinlich, dass Sie in Beziehung mit jemandem stehen, der gemeinhin als Energieräuber bekannt ist. Leute, die in diese Persönlichkeitskategorie fallen, nähren sich von der Energie der Menschen um sie herum.

Hinzu kommt, dass Sie sehr wahrscheinlich – genau wie der Energieräuber – auch einen bestimmten Persönlichkeitstyp haben. Sagen Sie mir, ob Ihnen das irgendwie bekannt vorkommt. Man geht irgendwohin und fühlt sich plötzlich traurig oder wütend – ganz ohne ersichtlichen Grund. Vielleicht haben Sie auch in einem Kino oder Konzert das Gefühl, kaum haben Sie sich niedergelassen, woanders sitzen zu müssen.

Oder jemand stimmt Sie furchtbar traurig, obwohl er oder sie recht glücklich zu sein scheint. Womöglich fühlen Sie sich zu den

Heilberufen hingezogen, beschäftigen sich mit Astrologie und Energiemedizin, haben aber zugleich das Gefühl, dass Sie keinem davon erzählen können, weil die Leute sie sonst für verrückt halten. Und finden Sie nicht auch, dass Sie Liebe und Aufmerksamkeit nur durch Taten und Dienstbarkeit erringen müssen und diese nicht einfach so verdienen?

Wenn Sie mit alldem etwas anfangen können – oder wenn Ihnen schon vermittelt wurde, dass Sie „zu sensibel" sind – dann gehören Sie sehr wahrscheinlich zu den Menschen, die man Empathiker oder hochsensible Menschen nennt. Nun ist in letzter Zeit viel über Empathie und Hochsensibilität gesagt worden – sogar ein paar Bestseller zum Thema gibt es. Im Klappentext von Judith Orloffs Buch *Wenn dir alles unter die Haut geht* bezeichnet das bekannte Medium Caroline Myss die Hochsensibilität in den USA schon als „das neue Normal".

Eine Sache, die man im Hinterkopf behalten sollte, ist, dass nicht alle Empathiker gleich sind. Manche sind einfach nur sehr empfindlich gegenüber der Umwelt und den Gefühlen anderer. Andere wiederum sind das, was ich die „Hochsensiblen mit alter Seele" nenne. Diese Menschen haben Hunderte – vielleicht Tausende von Leben – hinter sich, zeichnen sich früh durch großen Einfallsreichtum, durch Selbststeuerungsfähigkeit, Optimismus und Loyalität aus. Unabhängig davon sind jedoch alle Empathiker sehr energiesensibel.

Empathiker interagieren mit der Energie in ihrem Umfeld auf eine Weise, die sich selbst noch von der eines sehr mitfühlenden Menschen unterscheidet. Während die mitfühlende Person sich schlecht fühlt, nachdem sie jemanden hat leiden sehen, nimmt eine hochempathische Persönlichkeit die Energie dieses Individuums regelrecht auf. Empathiker können den tiefen, oft unsichtbaren Schmerz der Menschen in ihrer Nähe spüren, weil die Schmerzenergie ihr Wesen verändert. Die Energie der Menschen um sie herum, und nicht nur deren Emotionen, beeinflussen das Wohlbefinden und die Energie von Empathikern. Sie nehmen die Energie auf, ob gut oder schlecht. Und sie merken es nicht.

Als eine empathische Persönlichkeit habe ich aus erster Hand erfahren, wie es ist, negative Energie aufzunehmen. Es ist sehr seltsam. Als ich vor Jahren bei einer Vorstandssitzung der American Holistic Medical Association war, gab es dort noch eine andere Ärztin, die nett schien, aber auch ziemlich rechthaberisch und schwer zu bestimmen war. Sobald das Treffen vorbei war, wurde ich von starker Übelkeit erfasst und musste auf die Toilette laufen, um mich zu übergeben. Wie ein Schwamm hatte ich all ihre Negativität aufgesaugt. Sie war in jede Zelle meines Körpers eingedrungen, und mich zu übergeben war der einzige Weg, alles wieder loszuwerden. Jahre später begriff ich, dass sie eine Energievampirin war.

Wegen unserer natürlichen Neigung, die Energie anderer aufzunehmen und sie mit unserer eigenen zu verwechseln, benutze ich oft das Wort *durchlässig*, um empathische Menschen zu beschreiben. Oft wissen wir nicht, wo wir enden und jemand anderes anfängt. Eine Freundin von mir konnte nicht mehr zu den 12-Schritte-Gruppentreffen gehen, weil sie all die emotionalen Schmerzen der Menschen im Raum aufnahm, und sie anschließend gar nicht mehr aufhören konnte zu weinen. Verstehen Sie mich nicht falsch. Selbsthilfegruppen können etwas bewirken und das Leben positiv verändern. Wenn Sie jedoch sehr einfühlend sind, werden Sie von den unbewussten unverarbeiteten Gefühlen anderer überwältigt.

Ohne Selbsterkenntnis und Mittel des Selbstschutzes kann der Schaden durch die Aufnahme dieser mächtigen Emotionen den Nutzen überwiegen.

Manchmal ist Hochsensibilität wirklich eine Bürde. Ich habe noch eine andere außergewöhnlich einfühlsame Freundin, deren Fähigkeit, die Energie anderer anzunehmen, tatsächlich zu einer körperlichen Krankheit führte. Immer wieder nimmt sie körperlich die Krankheiten von ihren Familienangehörigen auf, doch jetzt kommt's: Sie bekommt alle Symptome bestimmter Krankheiten, noch *bevor* diese bei den anderen ausbrechen. Vier Monate bevor bei ihrem Vater Lungenkrebs diagnostiziert wurde, hatte sie Lungensymptome, die so schwer waren, dass die Ärzte dachten, sie hätte Lungenkrebs. Und Monate bevor jemand anderes in der Familie einen Hirntumor bekam, hatte sie Kopfschmerzen und alle Symptome eines Hirntumors. All das verschwand in dem Moment, als die andere Person ihre Diagnose bekam und sie diese Energie nicht mehr „tragen" musste. Auch wenn das sehr untypisch ist, zeigt es doch, wie wirkmächtig die Energie anderer im Leben einer empathischen Persönlichkeit sein kann.

Hochsensible Menschen im Alltag

Wie spielt sich nun das Leben eines oder einer Hochsensiblen ab? Kurz gesagt, „im Versteck". Empathische Menschen greifen oft zu drastischen Mitteln, wenn es darum geht, ihre wahre Identität so zu verändern, dass sie als weniger schmerzlich empfunden wird. Sie sind sehr gut darin, sich anzupassen und herauszufinden, auf welche Weise sie geliebt und akzeptiert werden, und zwar nicht dafür, wie sie wirklich sind, sondern dafür, dass sie anderen zu Gefallen sind.

Wenn zum Beispiel ein hochsensibles homosexuelles Kind in eine sehr konservative Familie hineingeboren wird, merkt dieses Kind sehr schnell, dass es sein wahres Selbst zugunsten der Vorstellungen seiner Familie zurückdrängen muss. Oder wenn ein einfühlsames kreatives und temperamentvolles Kind in eine Familie hineingeboren wird, die Wert auf logisches Denken und gute Ausbildung legt, wird es bald zur Anpassung genötigt und daran arbeiten, seinen Wert durch entsprechende Bestrebungen unter Beweis zu stellen.

Empathische Kinder tun dies nicht bewusst, sondern als Form des Überlebens. Weil sie so auf die Energie anderer Menschen eingestimmt sind, leiden sie, wenn andere leiden, also arbeiten sie daran, dass dies nicht geschieht.

Der Wunsch, für geordnete Verhältnisse zu sorgen, begleitet Hochsensible ihr ganzes Leben lang. Sie sagen Ja, wenn sie Nein meinen, einfach deshalb, weil sie die negative Energie der Menschen um sie herum nicht erleben wollen. Sie machen Überstunden, damit andere nicht überfordert werden. Sie hören auf die Sorgen ihrer Freunde und Familienangehörigen und bieten Anregungen und Hilfe an. Sie opfern ihr eigenes Wohlergehen zum Wohle der Menschen in ihrem Umfeld. Schließlich geht es um die Energie.

Als Kinder zeigen manche empathischen Persönlichkeiten nicht nur die hohe Sensibilität, sie haben auch die Fähigkeit, andere Dimensionen zu sehen, etwa Engel oder geistige Führer oder imaginäre Freunde, die überhaupt nicht imaginär sind. Oft treffen junge Hochsensible Aussagen über die wahre Natur einer Person – eine, die sich anderen Menschen in ihrem Umfeld nicht erschließt. Zum Beispiel könnte ein hochsensibles Kind durchaus sagen, dass es lieber nicht zu Onkel Pete (der sich später als pädophil herausstellen würde) möchte oder dass Tante Sally wohl sterben wird (kurz bevor sie es dann tatsächlich tut).

Doch wie in diesen Beispielen lernen einfühlsame Kinder schnell, dass das Sehen „unsichtbarer Dinge" schlecht oder falsch ankommt. Sie erfahren vielleicht Kritik, werden zum Schweigen gebracht oder sogar bestraft, weil sie eine von ihnen sehr stark empfundene Wahrheit aussprechen.

Das Medium John Holland kann davon berichten, dass er tote Haustiere in der Nähe ihrer früheren Besitzer sehen konnte. Als Kind ging er auf die Menschen zu und erzählte ihnen von ihrem verstorbenen Hund – den er dann genau dort sah. Das verwirrte und brachte die Leute auf, und so hat er sehr früh gelernt, nicht über das zu sprechen, was er sah. Er musste erkennen, dass seine Wahrnehmung für die meisten Menschen und die Gesellschaft insgesamt inakzeptabel war.

Was empathische Persönlichkeiten so „anders" macht, ist zugleich eine Quelle großen emotionalen Schmerzes. Sie werden verletzt – beschämt, verlassen oder verraten –, ob von der Familie oder der Gesellschaft. Man sagt ihnen, sie seien „seltsam", „verrückt" oder „schlecht", was wiederum zu Angst und Selbstzweifeln führt. Die Sache ist die, dass empathische Persönlichkeiten in ihrem Bedürfnis nach Akzeptanz, Liebe und Unterstützung genauso sind wie alle anderen. Also fangen sie mit dem erwähnten Versteckspiel an; sie verbiegen sich regelrecht, um sich anzupassen und geliebt zu werden oder wenigstens keinen Spott zu ernten oder eine Strafe zu riskieren. Viele Hochsensible versuchen schließlich, ihre Sensibilität hinter sich zu lassen und ihr intuitives Wissen zu unterdrücken. So mancher sucht sogar Zuflucht zu Drogen und Alkohol, um sich zu betäuben.

Die andere Form des Versteckens, die hochsensible Persönlichkeiten an den Tag legen, ist eher physischer Natur. Sie meiden vor allem Menschenmassen. (Denken Sie an Rockkonzerte oder Silvester am Times Square oder Brandenburger Tor.) Die Energie dort ist einfach zu intensiv.

Auch vermeiden sie gruselige oder gewalttätige Filme bzw. Fernsehsendungen, weil es zu schmerzhaft für sie ist, sie anzuschauen. Ich habe einmal die erste Hälfte des Films *Der Soldat James Ryan* auf der Damentoilette verbracht, weil ich mit der Darstellung der Landung am Omaha Beach im Zweiten Weltkrieg nicht klarkam. Es war viel zu krass, das auf einer großen Leinwand (oder sogar auf einer kleinen Leinwand) zu erleben. Und als die Kampfszene in *Das Comeback* begann, verließ ich den Saal und wartete draußen, wobei ich immer mal wieder hineinlugte, um zu sehen, ob es vorbei war. Auch beliebte Serien wie *Orange Is the New Black*, *Game of Thrones* oder *Breaking Bad* kann ich nicht verdauen. Sie sind mir zu gewalttätig.

Als Teenager war ich nicht viel anders. Meine Freunde wollten immer in Horrorfilme gehen und haben mich sogar eingeladen. Einmal bin ich darauf eingegangen, nur um schon während des Vorspanns rauszugehen, weil die Musik einfach zu gruselig war.

Eine andere Form des physischen „Versteckens" mancher Hochsensibler mutet etwas seltsam an – wir verstecken uns oft vor der Technik. Nicht, weil wir sie grundsätzlich ablehnten oder sie nicht verstünden, sondern weil hochsensible empathische Menschen andere Energiesysteme haben, die zu Fehlfunktionen der Technik führen können.

Ich habe einen Freund, der immer wieder Uhren kaufen muss. Unabhängig vom Uhrentyp und Preis der Uhr, das Ergebnis lief immer auf das Gleiche hinaus: Die Uhr blieb, am Handgelenk getragen, stehen. Da konnte er noch so oft die Batterien wechseln.

Seine Energie hat die Batterien buchstäblich entleert. Denn empathische Persönlichkeiten nehmen nicht nur Energie auf, sie geben auch hochfrequente Energie ab.

Der Techno-Fluch des Empathikers betrifft nicht nur Uhren, sondern auch Handys, Computer und alle möglichen technischen Geräte. Wenn Hochsensible ein Handy und einen Computer überhaupt benutzen können – und manche können es nicht –, dann stellen sie bald fest, dass ihre Energie die Elektrik durcheinanderbringt und den Computer oder das Handy seltsame Dinge tun lässt. Zum Beispiel telefonierte ich mit meiner Schwester an dem Tag, an dem ich diesen Abschnitt schrieb, und obwohl ich das Telefon nicht berührte, fing es zweimal an, eine andere Nummer zu wählen – mitten in unserem Gespräch. Ich habe auch hochsensible Freunde, mit denen die Telefonate immer wieder abbrechen, selbst auf dem Festnetz. Daraus ist schon ein Running Gag geworden. Sobald wir uns zurückrufen, nachdem das Telefon tot ist, scherzen wir (oder auch nicht), dass dunkle Mächte uns wohl beim Reden belauscht haben und nicht wollen, dass wir reden!

Diese technologischen Schwierigkeiten treten definitiv nicht bei allen empathischen Persönlichkeiten auf. Vielleicht aber hatten Sie auch schon einmal Probleme mit Ihrer Elektronik, dann könnte das vielleicht der Grund dafür sein.

Zu den krassen Fällen von energetischem Austausch gehören Empathiker, die Glühbirnen buchstäblich ausschalten können. Dies passiert vor allem, wenn das empathische Individuum starke Energie fühlt – etwa Wut –, und diese Energie dann echte elektronische Geräte durcheinanderbringt, ganz zu schweigen von dem, was wir als „Realität“ betrachten.

Viele hochsensible Menschen sind auch extrem geruchsempfindlich. Sie vertragen keine synthetischen Duftstoffe, wenngleich natürlich vorkommende Düfte wie Flieder unbedenklich sind. Sie können auch riechen, wenn etwas mit dem Essen „nicht stimmt“ – oder sogar mit anderen Menschen –, lange bevor viele andere etwas merken. Kennen Sie den Satz: „Ich kann riechen, wenn etwas nicht stimmt“? Das gibt es tatsächlich.

Angeborene Güte und Stärke

Bei allem, was ich Ihnen über Hochsensibilität gesagt habe, vermute ich, dass Sie sich nun fragen, wie Sie sich von diesem schlimmen Leiden befreien können, richtig? Aber hören Sie auf damit. Hochsensibel zu sein kann Nachteile bringen – ja, aber wenn man weiß, wie man sich selbst zu nehmen hat, dann überwiegen die Vorteile, und zwar zigfach.

Die Unterschiede zwischen hochempathisch und normal haben nicht nur etwas mit der Fähigkeit zu tun, die Energie der Menschen im eigenen Umfeld wahrzunehmen.

Hochsensible sind oft auch außerordentlich begabte Heiler, weil sie sich ganz natürlich in die Emotionen anderer einfühlen – und diese sogar selbst körperlich nachempfinden können. Ihr Energiefeld geht buchstäblich in den Körper eines anderen über und spürt, was dort vor sich geht. Außerdem sind sie einfallsreich genug, um in fast allen Situationen wirklich hilfreich zu sein. Dadurch schaffen sie oft eine Atmosphäre, in der sich Menschen sicher fühlen, wahrgenommen, gehört und gehalten. Auch haben hochempathische Menschen gelegentlich die Fähigkeit, schmerzhafte Gefühle aus anderen Menschen zu entfernen – zum Teil, indem sie diese Gefühle in sich selbst transformieren und dann wie ein menschlicher Luftreiniger gereinigte Energie verströmen. Nach dem Zusammensein mit einem hochempathischen Menschen fühlt sich die betreffende Person oftmals besser, ohne zu wissen warum.

Als ich fünf Jahre alt war, hatte ich eine kleine Schwester namens Bonnie Laurie, die gestorben ist. Von dem Augenblick an, als sie starb, veränderte sich mein Leben. Ich war nicht länger das sorglose Kind, sondern ein Kind, das versuchte, die Trauer seiner Mutter zu lindern. Meine empathische Natur hat mich dazu gebracht, ihren Schmerz anzunehmen. Vielleicht hat sie das in ihrem Kummer getröstet – ich werde es nie erfahren. Ich weiß nur, dass das sehr viel mit meiner Berufswahl zu tun hat und zu meiner Karriere im Gesundheitswesen geführt hat, die Millionen Frauen auf der ganzen Welt geholfen hat. Durch die Rolle als Beschützerin meiner Mutter fand ich einen Platz, an dem ich mich auszeichnen konnte und akzeptiert wurde.

Als Kind war mir nicht klar, dass dies meine Form des Versteckens war. Das habe ich erst vor Kurzem verstanden, als ich mit einem Physiotherapeuten arbeitete, der tief in den Faszien eingelagerte Erinnerungen und Gefühle ans Licht bringt. Bei unserer Arbeit fragte er mich, ob ich eine verstorbene Schwester hätte.

Ich dachte sofort an meine Schwester Cindy, die kurz nach dem College bei einem Autounfall ums Leben gekommen war. Aber dann wurde mir klar, dass der Schmerz, den ich bearbeiten musste, tatsächlich von Bonnie Lauries Tod herrührte. Während unserer gemeinsamen Arbeit „sah" ich mich im Alter von fünf Jahren in einem Cowgirl-Outfit, wie ich in einem Schultheaterstück über die Bühne galoppierte. Als ich davon dem Therapeuten berichtete, sagte der: „Da hast du dich selbst verlassen." Ich wollte am liebsten weinend auf den Boden fallen, weil mir klar wurde, wie sehr das stimmte. Ich hatte nicht gewusst, dass ich die Trauer meiner Mutter auf mich genommen hatte. Alles, was ich wusste, war, dass ich bewirken konnte, dass es ihr besser geht.

Obwohl so viele Heiler hochsensible empathische Persönlichkeiten sind, wollen sie dies, sofern sie im Medizinbetrieb arbeiten, nicht zugeben, weil diese Fähigkeit als unwissenschaftlich angesehen wird. Einer meiner Kollegen hatte heilende Hände, aber er hat es nie jemandem erzählt, weil es keine wissenschaftlichen Beweise dafür gibt. Er wusste lediglich, dass es seinen Patienten oft besser ging, wenn er sie berührte. Dann spürte er eine Hitze in den Händen. Obwohl wir uns nahestanden, wusste ich nichts davon, bis seine Schwester bei seiner Beerdigung davon sprach und mir erzählt hat, in welchem Dilemma er sich befunden hatte.

Neben den heilenden Fähigkeiten können hochsensible Menschen oftmals die schönen Dinge auf der Welt intensiver erleben. Die Sonne lässt schiere Ekstase in ihnen aufscheinen. Musik reicht tief in ihr Inneres, rührt sie zu Tränen oder begeistert sie völlig. Bewegung spricht sie geradezu auf zellulärer Ebene an. Ich kann Ihnen nicht sagen, wie glücklich ich bin, wenn ich Tango tanze oder meine Harfe spiele – etwas, das ich immer öfter mache, seitdem ich meine Sensibilität annehme und mich vom Helferkomplex erhole.

Weil sie die Energie um sich herum so fein spüren können, fühlen sich Hochsensible oft zu Tieren oder der Natur insgesamt hingezogen. Hier fühlen sie sich geborgen, weil die Energie lindernd und unschuldig ist. Diese Erlebnisse sind auch Motivation, die Geringsten unter uns, die Tiere, zu schützen.

Ungeachtet dessen, was unsere Gesellschaft glaubt und belohnt, ist die Fähigkeit, sich in einen anderen Menschen einzufühlen und hineinzuversetzen, eine Eigenschaft, die Bewunderung und Wertschätzung verdient. Richtig angewandt ist sie ein echtes Plus.

Mehr als Einfühlungsvermögen

Ich habe zu Beginn dieses Kapitels erwähnt, dass nicht alle empathischen Persönlichkeiten gleich sind. Während alle eine starke energetische Sensibilität aufweisen, gibt es eine Untergruppe, die ich als „Hochsensible mit alter Seele" bezeichnen möchte und zu denen ich mich selbst zähle. Diese Menschen haben noch mehr Einfühlungsvermögen. Sie haben auch das, was die Psychologin Sandra L. Brown, Gründerin des Instituts zur Vermeidung von Beziehungsschäden, „Supereigenschaften" nennt, im Hinblick auf Umgänglichkeit, Gewissenhaftigkeit und Selbststeuerungsvermögen. Nicht nur sind diese ungewöhnlich optimistisch – wir schaffen das –, sie haben auch eine pragmatische und positive Einstellung, eine ausgezeichnete Arbeitsmoral, Mitgefühl, Geduld und die Fähigkeit, in allem und jedem das Beste zu sehen.

Diese Menschen – 75 Prozent von ihnen sind Frauen und 25 Prozent Männer – sind die, die jede Unternehmung beflügeln, an der sie beteiligt sind. Ob es sich dabei um eine Ehe handelt, eine Karriere oder ein Geschäftsvorhaben, sie sind es, die 80 Prozent geben, während die anderen mit 20 Prozent dabei sind. Diejenigen mit Supereigenschaften laufen zu übermenschlicher Form auf und sind natürlich irgendwann diejenigen, an die man sich im Ernstfall wendet. Das sind die Chefs in Unternehmen oder der Familie, die gekonnt zwischen den Aufgaben und Verantwortlichkeiten hin und her manövrieren. Es sind die Ärzte und Chirurgen mit einem guten

Ruf, die Manager, die ihre Mitarbeiter zum Strahlen bringen. Und es sind die Eltern in Führungspositionen, die ihre hochbegabten Kinder von Aktivität zu Aktivität schleusen, nur um anschließend noch Geld für eine gute Sache zu sammeln. Alles in ihrem Leben scheint irgendwie leicht, geordnet und gefügt.

Sandra Brown charakterisiert diese Gruppe so: „Mit dem Begriff Supereigenschaften geht das Konzept der Hochsensibilität noch einen Schritt weiter. Während Hochsensibilität vor allem mit Einfühlungsvermögen zu tun hat, bringt die Theorie der Supereigenschaften diese als *zusätzliche* Eigenschaften ins Spiel. Dabei handelt es sich um feste Persönlichkeitsmerkmale, mit deren Hilfe wir Warnsignale deuten (oder missdeuten). Andere Supereigenschaften wie Toleranz, Optimismus, was die menschliche Natur angeht, die Annahme, andere seien so wie man selbst, Wärme, Offenheit und eine unmittelbare Direktheit – fallen letztlich unter den Faktor ‚Umgänglichkeit', von der die Empathie wiederum nur ein Teil ist."

Ich glaube, dass die Supereigenschaften und die Hyperempathie, die von den Einfühlern mit alter Seele an den Tag gelegt werden, daher rühren, dass sie schon viele Male hier waren. Sie haben die Lektionen der Welt gelernt, weil sie jahrhundertelange Not durchlebt haben. Sie haben in vielen Leben Erfahrungen gesammelt, und sie wissen, wie man die Welt zu einem besseren Ort macht – und zwar mit ihrem ureigensten Wesen. Hochsensible mit alter Seele können sehr ernst sein, denn in gewisser Weise wissen sie selbst schon von Geburt an, was es bedeutet, in die Welt zu kommen. Doch sie wissen, worauf sie sich einlassen, und ihre Rückkehr war sicher kein leichter Entschluss, war er auch so nötig.

Ich spreche von der Rückkehr einer Seele als notwendig, weil es eine Reise ist, die wir alle machen müssen. Das Ziel unserer Seelen ist die Erleuchtung, das Nirwana. Aber dieser Zustand lässt sich weder einfach noch schnell erreichen. Jede Seele muss die Lektionen der Liebe und Annahme durch Lebenserfahrung lernen. Sie muss lernen, was es heißt, Dunkelheit und Licht zu sein, Täter und Opfer, Schwache und Mächtige. Sie muss alle Situationen durchleben, um zur wahren Erleuchtung zu gelangen.

Bevor sie sich inkarniert, unterschreibt die Seele einen Seelenvertrag, der die Lektionen umfasst, die in diesem Leben gelernt werden müssen. Alles, was Sie erleben, ist Teil eines Plans, um Ihre Seele der Erleuchtung näher und auf eine höhere Schwingungsebene zu bringen. Dabei wird ihnen mit der Zeit immer deutlicher, dass Sie sich auf einer Reise der Seele befinden.

Einfühlsame Persönlichkeiten mit alten Seelen machen etwa 0,5 bis 1 Prozent der Bevölkerung aus, so sagt es jedenfalls der spirituelle Lehrer und Autor Lee Carroll. Wobei sich alle irgendwie wiedererkennen. Wir sind eine Familie und „verständigen" uns untereinander und darüber, was los ist. Ohne große Erklärungen. Wir erkennen uns ganz einfach, und zwar unabhängig davon, wo wir aufgewachsen sind oder unsere Ausbildung gemacht haben.

Wir sehen die Welt anders, suchen nach der Wahrheit auch außerhalb des Mainstreams – ob das ganzheitliche Medizin ist, Homöopathie, Geistheilung und so weiter, alles Dinge, die die Gesellschaft seit Jahrhunderten oft ins Lächerliche gezogen oder ganz unterdrückt hat.

Meine Seelenfreunde und ich scherzen oft über unsere vergangenen Leben – auch wenn diese manchmal gar nicht zum Lachen waren. In einem früheren Leben befanden sich meine Pilates-Lehrerin Hope Matthews und ich einmal zusammen auf dem gleichen Podest wieder, um gehenkt zu werden. In einem anderen wurde ich ertränkt und gevierteilt. In noch einem anderen wurde ich auf dem Scheiterhaufen verbrannt. Wenn ich das in Vorträgen erwähne, sehe ich jetzt oft Zuschauer mit dem Kopf nicken. Dieser Tage sind viele empathische Persönlichkeiten unterwegs.

Wir alten Seelen waren immer die Schamanen, Heiler, Hebammen, Tarotkartenleser, Musiker, Zauberer und Außenseiter. Und in der patriarchalischen angstbesetzten Atmosphäre, die den Planeten Erde seit den letzten 5000 Jahren oder mehr im Griff hat, wurden wir immer wieder für unser Wissen und unseren Glauben bestraft, im Stich gelassen und verraten.

Alte Seelen sind überall, in allen Gesellschaftsschichten. Häufig benutzen wir Orakelkarten und Pendel als Entscheidungshilfe, obwohl wir dieses Zeug oft versteckt halten, bis wir uns sicher fühlen. Auch halten wir uns gern in esoterischen Buchhandlungen, Meditationszentren und Ashrams auf. Aber wir erkennen auch dunkle Energie und vermeiden sie, wenn wir sie spüren.

Wenn Sie sich in der Beschreibung der Supereigenschaften wiedererkannt haben, aber mit dem Rest dieser Definition Schwierigkeiten haben, seien Sie unbesorgt. Nicht alle empathischen Persönlichkeiten mit alten Seelen können sich an vergangene Leben erinnern und glauben auch nicht daran. Die Chancen stehen jedoch gut, dass Sie ein vertiefteres Verständnis für Energetisches haben, als Sie vielleicht zugeben möchten.

Hochsensible und Vampire

Alle Menschen strahlen Energie aus, aber hochsensible empathische Persönlichkeiten strahlen eine bestimmte mitfühlende und verständnisvolle Energie aus – für Energievampire geradezu ein Elixier. Im Prinzip können alle hochsensiblen Persönlichkeiten Opfer von Energievampiren werden, doch sind empathische Menschen mit alter Seele wegen ihres besonderen Selbstvertrauens, ihrer Energie und ihres Glaubens an das Gute im Menschen für diese ein gefundenes Fressen. Die genannten Eigenschaften lassen sie nämlich besonders lang in Beziehungen verharren, die sie schließlich erschöpfen. Tief im Herzen glauben hochsensible Persönlichkeiten mit alter Seele, dass sich jeder Mensch ändern kann, weshalb sie jahrelang bei den Vampiren bleiben, was auf Kosten ihrer Gesundheit und ihres Selbstvertrauens geht.

Hochsensible Persönlichkeiten, die nicht der Vorstellung anhängen, dass jeder im Wesentlichen gut ist, können bei aller Sensibilität die Warnsignale schneller deuten, dass jemand ein Vampir ist. Dementsprechend weichen sie entweder gleich aus oder können sich früher abgrenzen, bevor ihre Erschöpfung zu groß wird.

Dennoch ist es wichtig, dass alle Hochsensiblen die Dynamik im Hinblick auf Energieräuber verstehen. Ohne dieses Wissen auch darüber, wie man sich von diesen räuberischen Beziehungen erholen kann – wird man sein volles Potenzial nie ganz ausschöpfen und nie ganz so gesund, energiegeladen, fröhlich oder liebevoll sein, wie man es eigentlich könnte. Stattdessen bleibt man in den Verletzungen der Vergangenheit verhaftet.

II. KAPITEL

Die Wunden, die zu heilen wir gekommen sind

Vor Kurzem war ich auf dem Flughafen LaGuardia in New York und musste durch die Sicherheitskontrolle. Die Beamtin, eine junge blonde Frau, war wie in einer Art wütenden Trance – sie nahm nicht einmal Augenkontakt mit den Leuten auf, deren Ausweise und Bordkarten sie scannte. Der Beamte neben ihr wirkte ebenfalls völlig abwesend. Ich war mir nicht mal sicher, ob er im Dienst war oder seine Station unbesetzt war. Er war wie abgeschaltet. Ich reise viel, und diese beiden waren mit Abstand die nicht mit der Gegenwart verbundensten Menschen, mit denen ich seit Langem zu tun hatte. Total mechanisch.

In meiner Jugend hätte ich mich durch diese Begegnung schlecht gefühlt – zumindest für einen Moment – und mich gefragt, wie ich diese Menschen irgendwie ermutigen oder die Situation verändern könnte. Heutzutage bin ich klüger, meistens jedenfalls.

Ich kann mich noch erinnern, wie ich damals, als ich noch eine niedergelassene Praxis hatte – lange vor den sozialen Medien – manchmal böse Briefe von Patienten bekam, deren Bedürfnisse ich nicht erfüllt hatte.

Ich bekam sogar einen von einer Mutter, die mir die Schuld für den Selbstmord ihrer Tochter gab, weil ich sie Jahre zuvor nicht als Patientin akzeptiert hatte. Jedes Mal, wenn ich so einen Brief bekam, war ich am Boden zerstört. Doch nie wäre es mir in den Sinn gekommen, dass es unmöglich ist, für alle Menschen alles zu sein. Oder dass die Person, die den Brief schrieb, einen Plan hatte, auf der mein Wohlbefinden nicht vorkam. Ich war schließlich darauf aus, die Frauen zu retten, und die Briefe bedeuteten, dass ich versagt hatte. Das ließ sich nicht wiedergutmachen. Und so verbrachte ich Tage damit, mich selbst für meinen Mangel an Mitgefühl, Geschicklichkeit, Liebe, Verständnis usw. zu kasteien. *Was hatte ich falsch gemacht? Waren sie im Recht? Was könnte ich besser machen? Und wie?*

Dasselbe gilt für die schriftlichen Feedback-Formulare, die mir oft nach Weiterbildungsvorträgen zukamen. Obwohl ich vielleicht 100 Kommentare darüber zugeschickt bekam, wie sehr die Leute von meiner Präsentation angetan und von ihr profitiert hatten, musste ich mich natürlich auf den einen negativen Kommentar konzentrieren, der besagte, was für eine Zeitverschwendung mein Vortrag doch gewesen war. Oder wie unmöglich man meine Stimme oder mein Outfit gefunden hatte. Dieser eine negative Kommentar saß dann wie ein Stachel in meinem Fleisch.

Während der allergrößte Teil des Feedbacks, das ich bekommen habe und immer noch bekomme, positiv ist, zieht es mich zu den ein, zwei negativen Kritiken wie die Motte zum Licht. Auch wenn viele Menschen dieses Verhalten kennen, ist es doch bei hochsensiblen Persönlichkeiten besonders ausgeprägt.

Das liegt an den Verletzungen und Missverständnissen in puncto unserer Ausstrahlung, die wir in diesem Leben schon erlebt haben – und, was alte Seelen betrifft, in vielen Leben zuvor.

Scham und Schuld

Es ist wichtig zu verstehen, was ich mit Verletzungen meine, weil sie unser Leben prägen, Einfluss darauf haben, wie wir in Situationen reagieren, oder ob wir an unsere Fähigkeiten glauben. Sie beeinflussen so ziemlich alles, was uns ausmacht. Vor allem resultieren Verletzungen aus Beschämungen und Schuldzuweisungen – zweifellos die beiden größten Hindernisse für das Gedeihen alter, sehr gewissenhafter Seelen.

Man beschämt uns für alles Mögliche: unseren sozialen Status, unsere Körpergröße, unser Alter, unser Einkommensniveau, dafür, wie wir reden und woher wir kommen. Das ist nichts Besonderes. Da Sie auf der Welt sind, werden Sie mit 100-prozentiger Sicherheit von jemandem beschämt werden. In vielerlei Hinsicht war der soziale Druck, perfekt zu sein, noch nie größer. Mädchen im Alter von acht Jahren haben schon Angst davor, zu dick zu sein. Und 11-jährige Sportler werden von den Eltern anderer Kinder in ihrem Team dafür angeschrien, was sie während eines Jugendhockeyspiels getan haben. Da fallen Sätze wie „Jungs weinen nicht" und „Was bist du, eine Memme?" oder „Meinst du nicht, dass du ein bisschen mollig wirst?" So etwas kann – in einem hochsensiblen und gewissenhaften Menschen – die Saat für Selbstverletzung und Selbsthass säen. Jungen, die beschämt wurden, tendieren dazu, sich auszuleben, während Mädchen ihre Scham nach innen kehren und eher zu Depressionen, Essstörungen oder Perfektionismus neigen.

Ist die Beschämung durch Freunde und Bekannte schon schlimm, ist die wirklich schädliche Beschämung die, die wir von denen erfahren, die uns eigentlich beschützen sollen. Dr. Mario Martinez weist in seinem großartigen Buch *The MindBody Code* darauf hin, dass alle historischen ethnischen Gruppen ihre Mitglieder mit drei archetypischen Wunden verletzt haben: Beschämung, Verlassen und Verrat. Ihr Stamm könnte Ihre Familie, der Beruf, Ihre Religion oder irgendeine Gruppe sein, auf die Sie sich eingelassen haben und mit der Sie sich identifizieren. Stämme auf der ganzen Welt nutzen diese Verletzungsstrategien, um ihre Mitglieder „in Schach zu halten". Die Verletzungen selbst entspringen den Erwartungen, wie die Dinge „sein sollten".

Diese wiederum werden durch das Diktat der Gesellschaft im großen (Land, Erbe usw.) und im kleinen Maßstab (Religion, Zweckgemeinschaften usw.) geprägt. Ein klassisches Beispiel für diese Erwartungen ist die Heterosexualität. Die intensive Scham und Schuld, die ein homosexuelles Kind in einer Familie erfährt, für die Heterosexualität das einzig Mögliche ist, kann starke Gefühle des Selbsthasses und Selbstzweifels hervorrufen.

Die familiären Erwartungen können wiederum auch von den Verletzungen geprägt sein, die einzelne Familienmitglieder erlitten haben. Denken Sie einmal darüber nach. Wenn zum Beispiel Ihre Mutter ein sehr lernbegieriges Kind war und beschämt wurde, weil sie kein so großer Spaßvogel war, dann könnte sie alles dafür tun, um Sie vor so einer Beschämung zu schützen. Dann würde sie Sie zu lustigen Aktivitäten nötigen, ohne Rücksicht auf Ihre Natur.

Menschen durch Scham, Schuld und böswilliges Verlassen zum Gehorsam zu zwingen, ist sehr wirkungsvoll, weil schmerzhaft – besonders für eine empathische Persönlichkeit, die die Enttäuschung und das Urteil anderer so stark empfindet. So jemand wird dann glauben, dass mit ihr oder ihm etwas nicht stimmt.

Wurden wir als Kinder beschämt, einfach weil wir waren, wie wir sind, fangen wir später an, an uns selbst zu zweifeln. Dann glauben wir am Ende, dass etwas mit uns nicht stimmt. Und das führt zu Selbstbestrafung, Schuldzuweisungen und sogar Selbsthass.

Wenn Sie in einer Familie aufgewachsen sind, in der man Sie nur dann belohnt hat, wenn Sie das getan haben, was andere von Ihnen wollten – und Sie zugleich für Ihre natürlichen Neigungen beschämt hat –, dann wissen Sie, was Selbstzweifel sind, und haben vielleicht wenig Selbstvertrauen.

Ein Leben mit Verletzungen

Die Verletzungen der Kindheit prägen Ihr ganzes Leben – meist, ohne dass Ihnen das so klar ist. Sie bilden den Erfahrungshorizont, in dem Sie vor allem unbewusst operieren. Dieser – und die daraus resultierenden Verhaltensweisen – wird zum größten Teil vor dem siebten Lebensjahr in uns angelegt. Kaum bemerkt, hat er großen Einfluss auf unsere Physis sowie unsere Lebensumstände. Die unbewussten Verhaltensweisen werden zu einem Zeitpunkt heruntergeladen, zu dem unser eigener Intellekt noch kaum ausgeprägt ist, ungefähr zu der Zeit, in der wir unsere bleibenden Zähne bekommen. Diese unbewussten Überzeugungen und Verhaltensweisen wurden uns von unseren Eltern und von deren Eltern überliefert.

Denken Sie einmal darüber nach. Wenn Ihre Eltern meinen, dass ein ganz wesentlicher Teil von Ihnen, etwa Ihre starke Empathie, etwas Schlechtes ist, dann stammt diese Einschätzung womöglich nicht von ihnen allein. Wahrscheinlich haben wiederum ihre Eltern diese Vorstellung an sie weitergegeben.

Wenn man uns also nahelegt, dass etwas mit uns nicht stimmt, bekommen wir Schuldgefühle und meinen, nicht gut genug zu sein. Ist es erst einmal so weit gekommen, werden wir von dem überstarken Bedürfnis getrieben, unseren Wert unter Beweis zu stellen. Wir entwickeln ein unstillbares Verlangen nach Zustimmung von anderen, damit wir uns selbst in Ordnung fühlen. Unsere ganze Persönlichkeit, einschließlich unserer Supereigenschaften sowie alle Bindungen, die wir mit anderen eingehen, sind dann unseren Verletzungen geschuldet, nicht aber unserer inneren Größe und Stärke. Denn die tiefsten Überzeugungen, unseren Wert in der Welt betreffend, entstammen den Verletzungen, die uns zugefügt worden sind. Diese und die Bindungen, die aus ihnen erwachsen, führen am Ende zu einem Leben, bestimmt von Wut, Schuldgefühlen, Schuldzuweisungen und Beurteilungen, die uns im Gefühl des Abgetrenntseins und der Wertlosigkeit stranden lassen.

Bis ich anfing, an der Heilung meiner eigenen Verletzungen zu arbeiten, hatte ich gar nicht bemerkt, wie sehr sie mein Leben geprägt hatten. Doch sie sind eben der Grund, warum ich so leidenschaftlich dafür bin, Frauen die Augen für die wahre Kraft des eigenen Körpers zu öffnen. Sie sind auch der Grund, warum ich in der Lage war, so stark für mich allein zu stehen. Aber sie sind auch der Grund, warum ich in Beziehungen war, die eigentlich nicht wirklich zu meinem wahren Wesen passten, gefangen in Situationen, die mich von mir selbst und meinem seelischen Potenzial entfremdet haben.

Vor Kurzem wurde ich in einer Sitzung mit einem erfahrenen Heiler angeleitet, herauszufinden, woher meine Grundüberzeugungen über das Leben herrührten. Nachdem der Heiler meine Führer und Engel – und auch seine eigenen – zu dieser Heilsitzung angerufen hatte, legte er seine Hände auf meinen Bauch. Dabei kam immer und immer wieder die Zeit um das 12. Lebensjahr zum Vorschein. Er „sah" mich neben einem Zaun weinen und sagte, dass er seit damals starken Schmerz fühlen konnte. Und da hatte er recht. Als ich 12 war, bekam ich starke entzündlich bedingte Fußsohlenschmerzen, eine Hornhautverkrümmung und auch meine Periode fing an, schmerzhaft zu werden. Meine Periodenschmerzen waren so stark, dass ich jahrelang jeden Monat aus der Schule nach Hause gehen musste. Und später musste ich ihretwegen sogar manchmal Operationen abbrechen. Einem Heiler gelang es später, gewisse Schmerzen aus meinem Körper zu leiten, aber ihr Ursprung blieb im Dunklen – bis mir später in der Nacht desselben Tages ein Traum die Augen für eine tiefe Verletzung öffnen sollte.

Im Traum war es noch immer am selben Tag. Ich war mit meiner Familie zusammen, mit allen samt ihren Ehepartnern und Kindern. Mein Vater war auch da (obwohl er starb, als ich 28 war). Ich hatte die Nacht in einem Haus verbracht, das ich nicht kannte, und am Morgen musste ich früh raus, weil ich den Zug und ein Flugzeug kriegen musste, um irgendetwas zu arbeiten. Meine Schwägerin brachte mir meinen Koffer, der jedoch leer war. Ich konnte keines meiner Kleider finden, obwohl sie alle am Abend zuvor in eine Kommode gekommen waren. Mir lief die Zeit davon, ich musste den Zug erwischen. Also bat ich meine Familie, mir bei der Suche zu helfen. Doch man ignorierte mich. Immer wieder flehte ich alle an: „Bitte helft mir. Kann mir nicht jemand helfen, bitte?" Und dann bin ich in Tränen aufgewacht und habe meine Traurigkeit im Alter von 12 in jeder Faser meines Körpers gespürt. Für ein paar Stunden blieb ich einfach bei den Gefühlen, die dieser Traum ausgelöst hatte. Ich weinte und weinte.

Offensichtlich hatte die Heilung den Deckel auf dem Gefäß meines Unterbewusstseins gelöst. Mir wurde klar, dass ich im Alter von 12 Jahren – als das schwarze Schaf der Familie – die Entscheidung getroffen hatte, dass mir niemand je helfen würde, meine Ziele zu erreichen, zu sehr unterschieden sie sich von denen der Familie. Ich war eine Einserschülerin in einer Familie, die eher an sportlicher Leistung und Bergsteigen interessiert war. Als ich einmal um einen ruhigen Ort zum Lernen bat (ich musste den *Gallischen Krieg* von Cäsar aus dem Lateinischen übersetzen), sagte mein Vater: „Wir können nicht alle unser Leben für dich auf den Kopf stellen." Hätte ich wie meine Schwester Olympionikin werden wollen, hätten sie natürlich Himmel und Erde für mich bewegt. Meine Mutter fuhr meine Schwester jedes Wochenende zu Skiwettkämpfen – 10 Stunden Fahrtzeit pro Strecke – während ich in ihrer Abwesenheit Abendessen für die Familie machte. Ich habe dieses Arrangement nie infrage gestellt, weil wir alle so stolz auf meine Schwester waren. Sie war damals das jüngste Mädchen auf dem Weltcupkurs und sehr begabt. Ist es immer noch. Unserer Familie hat das viel positive Wertschätzung eingebracht.

Nach diesem Traum war mir klar, dass ich im Alter von 12 Jahren entschieden hatte, dass ich nur mir selbst vertrauen konnte und mir niemand helfen würde. Wenn ich irgendwo hinpassen und Wertschätzung erfahren wollte, musste ich wohl oder übel herausbekommen, wie ich für andere von Nutzen sein konnte. Kochen und backen vielleicht. Oder aufräumen. Oder improvisierte Harfenkonzerte für Besuch – ob ich wollte oder nicht. So habe ich mein Leben jahrzehntelang gelebt. In dieser Zeit hielt ich viel von dem, was mir wirklich etwas bedeutete, unter Verschluss, lernte, mich an fast jede Situation anzupassen – egal ob sie mir behagte oder nicht. Darunter waren etliche Campingausflüge im Regen, Bergsteigen mit schwerem Rucksack, Kälte und Nässe auf den Skipisten, Golfcaddie für meine Mutter sein oder auf Teufel komm raus Golf und Tennis lernen, während sich meine Geschwister und Eltern über mich lustig machten, die natürlich alle Sportskanonen waren. Für viele klingt meine Kindheit ideal. Doch für mich war sie in vielerlei Hinsicht eine Qual. Zugleich war sie eine prima Vorbereitung auf das Medizinstudium und die chirurgische Ausbildung. Und ich weiß auch, dass meine Seele das alles gewählt hat. Ohne diesen Hintergrund hätte ich nie die Ausdauer und Disziplin aufgebracht, um die Arbeit zu machen, die ich bis heute gemacht habe.

Doch wie hat nun die Situation mit meiner Familie zu meinen Symptomen im Jugendalter geführt? Denkt man an die Pubertät, dann ist das vor allem die Zeit, in der man Antworten auf Fragen wie „Wer bin ich?“ sucht oder „Warum bin ich hier?“ Für mich führten diese Fragen zu Antworten wie „Ich bin nicht gut genug“ oder „Ich gehöre nicht dazu“. Das hat bei mir zu Selbstzweifeln und dem Gefühl geführt, verbergen zu müssen, wer ich wirklich war.

Scham, Schuld und Wut führten schließlich – auch wenn ich mich nicht erinnere, damals wütend gewesen zu sein – zu Kopfschmerzen, Augenproblemen und Menstruationsbeschwerden.

Doch bedenken Sie auch, dass der Schmerz, den ich im Traum hatte, der Schmerz einer verletzten 12-Jährigen war und nicht der Erwachsenen, die ich heute bin. Meine Familie hat mich in vielerlei Hinsicht unterstützt, u.a. durch das Bezahlen und Fahren zum Musikunterricht, das Bezahlen des Studiums und den Kauf einer Konzertharfe. Aber Schmerz ist Schmerz. Und es macht mich sprachlos, wenn mir klar wird, dass diese traurige 12-Jährige, die beschloss, niemandem trauen zu können, mein Leben jahrzehntelang auf ganzer Linie prägte. Schmerz kommt dann an die Oberfläche, wenn man ein starkes Ich und genügend Reife entwickelt hat, um damit umzugehen. Offensichtlich war es Zeit für mich, mehr zu vertrauen und die Vergangenheit loszulassen.

Die Verletzungen meines Lebens – und meiner früheren Leben – haben mich dazu geführt, die zu werden, die ich bin, aber nun war es Zeit, sie gehen zu lassen. Dies war die Heilung, die zu erfahren ich in diesem Leben auf die Erde gekommen bin.

Die Wunden unserer Vorfahren

Der Umgang mit unseren eigenen Verletzungen ist schon schwer genug, aber damit allein ist es nicht getan, es geht noch weiter. Ein Trauma kann genetisch von den Großeltern auf die Eltern und schließlich auf das Kind vererbt werden. Erlebt man etwas Traumatisches, kommt es zu einer chemischen Veränderung in den Zellen. Diese heftet sich an unsere DNA und verändert die Funktionsweise unserer Gene. In seinem Buch *Dieser Schmerz ist nicht meiner* schreibt Mark Wolynn, Direktor des Family Constellation

Institute, dass durch die Veränderungen in der DNA infolge eines Traumas dafür gesorgt wird, dass wir beim nächsten Mal vorbereitet sind. Aber was ist, wenn wir für ein Trauma rüsten, das es gar nicht mehr gibt? Wären wir in einem Kriegsgebiet aufgewachsen, würden wir vielleicht lernen, uns zu ducken und Schutz vor Bomben und Gewehrfeuer zu suchen. In der Folge würden unsere Kinder wahrscheinlich tendenziell überreagieren, selbst da, wo sie in Sicherheit sind.

Das Trauma unserer Eltern, Großeltern und Urgroßeltern lebt unter Umständen in Ermahnungen, Ängsten, Verhaltensweisen und in unklaren körperlichen Symptomen. Man bezeichnet das als ererbtes Familientrauma oder sekundäre posttraumatische Belastungsstörung. Selbst wenn die Person, die das ursprüngliche Trauma erlitten hat, verstorben ist, alles vergessen ist oder keine Erwähnung mehr findet, können Erinnerung und Gefühle weiterleben. Dies hat sich deutlich bei den Enkeln der Holocaust-Überlebenden gezeigt. Diese haben oft Albträume von Vernichtungslagern und Hungersnöten, auch wenn sie von der Geschichte ihrer Großeltern gar nichts mitbekommen haben konnten und nicht einmal wussten, was damals geschehen war.

Wolynn schreibt: „Diese emotionalen Hinterlassenschaften wirken oftmals im Verborgenen, von der Genexpression bis zur Alltagssprache, und sie spielen, wie man heute weiß, eine weitaus größere Rolle für unsere emotionale und körperliche Gesundheit als bisher angenommen."

Als hochsensible empathische Persönlichkeit sind Sie deshalb hier, um nicht nur die Verletzungen Ihres Lebens zu läutern, sondern auch allen ererbten Schmerz. Sie sind hier, um den Schmerz zu beenden.

III. KAPITEL

Beziehungen zwischen Hochsensiblen und Vampiren

Weil wir dazu neigen, uns um andere zu kümmern, weil wir verletzt wurden und gefallen wollen – wundert es nicht, dass wir leichte Beute für Menschen werden, die sich von der Energie anderer nähren. Das betrifft vor allem alte Seelen, denn sie glauben an das Gute im Menschen. Tief in unserem Herzen sehen wir in allem und jedem nur das Beste. Noch aus hundert Metern sehen wir das Potenzial eines Menschen und wollen dann alles tun, dass es auch Früchte trägt. Wir sind die enthusiastischen, treuen Cheerleader, die das Feuer der Liebe und des Lichts anfachen – auch wenn andere es nicht sehen können. Mit jahrhundertelangem Heilwissen kommen wir in diese Welt. Empathische Persönlichkeiten wollen die Dinge verbessern, das Leben der Menschen oder einfach dafür sorgen, dass andere Menschen Möglichkeiten bekommen, die wir womöglich nicht hatten.

Und so fühlen wir uns natürlich zu den „Mühseligen und Beladenen“ der Menschheit hingezogen – denjenigen, die unser Licht brauchen. Helfen fühlt sich gut an. Tatsächlich gehört es zu den wahren Freuden des Erdenlebens. Es gibt nichts Erfüllenderes, als einem Außenseiter zuzusehen, wie er von hinten kommt und gewinnt, besonders wenn dies daran liegt, dass er endlich jemanden gefunden hat, der ihn sieht und unterstützt. Zum Beispiel traf ich in diesem Frühjahr einen Mann, der als Heimkind zu einem international bekannten Boxer wurde. Der Wendepunkt kam, als ein Mann ihn beim Training sah und sagte: „Da ist etwas. Ich sehe etwas in dir. Ich helfe dir." Das war der Schlüssel zur Wende. Wir wissen, dass es nur einen Menschen braucht, der an uns glaubt und etwas in uns sieht, ob wir unsere Träume umsetzen oder nicht.

Wenn eine Beziehung zum gegenseitigen Nutzen ist – ob das zu Hause ist, in der Familie, im Unternehmen oder beim Dienst an den Bedürftigen – dann geschieht ein Wunder. Denn die heilende Energie von zwei oder mehr Leuten, die geeint für das Gute wirken, erzeugt noch etwas Drittes, das größer ist als das, was jeder allein für sich zu tun vermag. Diese heilende Quantenenergie hat Jesus gemeint, als er sagte: „Wann immer zwei oder mehr von euch in meinem Namen versammelt sind, werde ich unter euch sein."

Allerdings gibt es auf der anderen Seite auch wenig förderliche Beziehungen. Und hier wird es problematisch. Wenn wir in eine Beziehung mit jemandem geraten, der unlautere Motive hat, dann werden unsere alten Wunden wieder aufgerissen. Doch weil wir meinen, dass wir etwas bieten müssten, um geliebt zu werden, wollen wir andere glücklich machen – zum Schaden unserer körperlichen und geistigen Gesundheit. Da wir uns nicht vorstellen können, dass wir für das geschätzt werden, was wir sind, trauen wir uns nicht, unsere Verwundbarkeit in Beziehungen preiszugeben, weil wir Angst davor haben, abgelehnt zu werden. Ein Mann hat mich einmal – im Vergleich zu anderen Frauen – als „kugelsicher" bezeichnet. Was er damit meinte, war, dass ich weder Bedürfnisse noch Schwachstellen zu haben schien. Wie er sich geirrt hat. Allerdings hatte ich mein ganzes Leben dafür gesorgt, dass meine Bedürfnisse verborgen blieben. Und sie lieber selbst erfüllt.

Wie ich im ersten Kapitel erwähnt habe, werden empathische Menschen leichte Beute, aber es sind vor allem die alten Seelen darunter, die in langfristige Beziehungen mit einem Vampir verwickelt werden, weil sie an das Gute im Menschen glauben und davon ausgehen, jeder so sei wie sie. Die roten Ampeln, die anderen Leuten auffallen, übersehen sie komplett. So idealisieren wir Menschen und Beziehungen auf eine Weise, die unrealistisch und nicht nachhaltig ist. Ein gutes Beispiel für unser Wunschdenken ist die berühmte Szene im Film *Jerry Maguire*, in der Jerry (gespielt von Tom Cruise) während einer Selbsthilfegruppensitzung für geschiedene Frauen im Wohnzimmer seiner Geliebten aufschlägt und Renée Zellweger weismacht, dass sein Erfolg nichtig sei, wenn sie nicht da ist: „Du erst machst mich ganz." Natürlich fallen die Frauen fast in Ohnmacht, so sehr wünschen sie sich, dass dies einmal ein Mann zu ihnen sagen möge.

Viele hochempathische Menschen haben ein unerlöstes inneres Kind, das ein Leben lang versucht, Liebe durch Dienst und Opferbereitschaft zu gewinnen. Dadurch aber investieren mehr in eine Beziehung, als tatsächlich gut ist. Doch wir sind so daran gewöhnt, zu viel zu geben, dass, wenn jemand 25 Prozent im Vergleich zu unseren 75 Prozent gibt, wir schon meinen, im Beziehungsnirwana angekommen zu sein. OMG, er hat den Toilettensitz runtergeklappt, er liebt mich wirklich.

Wenn wir nicht bei uns sind, dann werden unsere Beziehungen von den unerfüllten Bedürfnissen unseres inneren Kindes getrieben. Ich werde noch einmal auf dieses Thema zurückkommen, wenn ich auf die Verletzungen zu sprechen komme, die wir bei uns selbst heilen müssen. Denn wir geben, was wir so verzweifelt selbst empfangen wollen. Mit unseren Verletzungen allein zu bleiben ist keine Option – zumindest solange wir sie nicht kennen. Dann bleiben wir viel zu lang in Beziehungen, in denen wir zu viel geben und zu wenig bekommen, auch wenn die Beziehung von außen betrachtet gut aussehen mag. Schließlich ist es gesellschaftlich von Vorteil, normal zu erscheinen.

In einer wenig wertschätzenden Beziehung ist das schon problematisch, aber richtig schlimm wird es, wenn wir mit einem Energievampir zusammen sind.

Eine Macht, mit der nicht zu spaßen ist

Energievampire nähren sich, ich sagte es bereits, von der Lebenskraft anderer. Anders jedoch als in einer unguten Beziehung, die schlicht auf der Unvereinbarkeit der Charaktere beruht, hat das

Problem in einer Beziehung mit einem Energieräuber mit sorgfältiger Manipulation zu tun. Energievampire verstehen sich meisterhaft darauf, die Verletzungen der Menschen in ihrem Umfeld noch weiter zu vertiefen. Das gilt natürlich erst recht für eine hochsensible empathische Persönlichkeit. Der Energievampir saugt sich an ihr mit einer geradezu „bösartigen Intuition“ fest. Damit meine ich, dass er oder sie einen untrüglichen sechsten Sinn für die Verletzungen seines Gegenübers hat. Vampire wissen genau, was sich so ein hocheinfühlsamer Mensch immer schon gewünscht hat.

Deshalb gehen sie schnurstracks auf eine Verletzung ein und überschütten ihr Gegenüber mit genau der Aufmerksamkeit und Anerkennung, nach der sich diese Person schon seit ihrer Geburt sehnte ... ja womöglich auch noch länger. Am Anfang ist diese Aufmerksamkeit äußerst wohltuend. Ahhhh ... endlich jemand, der mich „versteht“.

Aber das ist überhaupt nicht der Fall. Denn der Vampir oder die Vampirin kennt einfach nur die Schwächen seines oder ihres Gegenübers und weiß sie zu seinem oder ihrem Vorteil zu nutzen. Vampire wissen genau, was sie tun.

Ich ahne schon, was Sie jetzt vielleicht denken: *Wirklich? Geschieht dieses Absaugen meiner Energie wirklich mit Absicht?* Nun, ganz so ist es nicht. Es gibt Leute, die eher unabsichtlich Energieräuber sind. Zwar weisen sie ein paar von den Eigenschaften richtiger Vampire auf, aber sie haben nichts mit den eigentlichen Persönlichkeitsstörungen zu tun, von denen hier die Rede ist.

Negative Menschen dieses Typs sind sich ihrer Wirkung auf andere womöglich gar nicht bewusst. Und daran können Sie den Unterschied erkennen: Mal angenommen, Sie sind in Kontakt mit jemandem, der Sie immer wieder herunterzieht. Sie finden jedoch einen einfühlsamen Weg, dieser Freundin zu sagen, dass Sie sich von ihr heruntergezogen fühlen, und das nicht nur einmal, sondern oft – und dass Sie das stört. Die Art und Weise, wie diese Freundin darauf reagieren wird, sagt Ihnen alles, was Sie wissen müssen. Ist sie geschockt und nimmt die Kritik an, räumt vielleicht sogar ein, dass an Ihrer Beobachtung etwas dran ist, haben Sie es nicht mit einer Vampirin zu tun. Wenn Sie jedoch in Tränen ausbricht und sich auf die Opferrolle stürzt oder wütend wird und Ihnen sagt, was mit Ihnen nicht stimmt, haben Sie Ihre Diagnose. Eine normale Person bleibt bei sich und wird vielleicht an sich arbeiten. Sie wird nicht gegen Sie austeilen, nur weil sie auf ein heikles Thema zu sprechen gekommen sind. Tatsächlich kann eine Beziehung durch so etwas sogar noch gestärkt werden. Menschen mit gutem Willen werden immer in irgendeiner Form Bedauern zeigen und sich auch verändern wollen – genau wie Sie. Vampire jedoch tun das nicht.

All dies werden wir noch einmal näher in Kapitel 5 erläutern, wenn wir uns eingehend mit den Eigenschaften von Energievampiren beschäftigen. Fürs Erste behalten wir im Hinterkopf, dass Energievampire genau wissen, was sie tun. Sie sind unglaublich geschickt darin, Ihre Schwächen einzuschätzen und auszunutzen.

Was vor allem für Verwirrung sorgt, ist der Umstand, dass zu Beginn einer Beziehung mit einem Vampir so jemand zunächst sehr unterstützend ist. Er oder sie hilft Ihnen auch bei Ihrer Selbstheilung, weshalb Sie dieser Person und ihrem Urteil mit der Zeit immer mehr vertrauen. Es fühlt sich an, als hätte man endlich jemanden gefunden, der einen richtig versteht, die wunden Punkte und all das. Folglich entspannen Sie sich, verlassen die Deckung, und lassen diesen Jemand vielleicht tiefer in Ihr Leben als einen anderen Menschen zuvor. Nun sind die Enterhaken in Ihnen befestigt.

Das ist auch der Zeitpunkt, an dem die Kritik kommt, und die Person ihr intuitives Wissen über Sie nutzt, um alles, was Ihnen etwas bedeutet – Menschen, Dinge, Träume – abzuwerten, trotz aller anfänglichen Unterstützung.

An einem bestimmten Punkt in meiner Karriere hatte ich eine Kollegin, die mich unglaublich unterstützt hat und mir bei meiner Arbeit behilflich war. Das war damals außerordentlich selten, denn als Alternativmedizinerin sah ich mich immer unter einem Damoklesschwert, lebte in der Erwartung, dass mich die „Behörden" jederzeit für meine Ansichten und meinen Heilungsansatz abstrafen würden.

Mit der Zeit jedoch nutzte diese Person ihre Intuition, um mir zu sagen, was mit so ziemlich jedem, der in mein Leben kam – persönlich oder beruflich – falsch war. Ich fand das zunächst sehr verwirrend, da sie außergewöhnlich intuitiv veranlagt war und mir an ihrem Urteil sehr lag. Aber nach einer Weile wurde mir klar, dass ich, wenn ich die Freundschaft nicht aufgäbe, irgendwann vollkommen isoliert dastehen würde und sie die Einzige wäre, die meine Realität für mich interpretieren würde. Sie hat sogar versucht, sich zwischen meine Töchter und mich zu stellen. Aber ich habe das Muster erkannt. So isolierten Täter ihre Opfer. Und zwar ganz allmählich – unter dem Deckmantel der Fürsorge –, sodass man nicht merkt, was los ist, bis es zu spät ist.

Vampire in Ihrem Leben

Schauen Sie sich nun einmal Ihr Leben an. Wie viele ihrer Freunde und schlimmer noch ihrer Familienangehörigen melden sich nur bei Ihnen, wenn sie etwas wollen oder ein Problem haben? Achten Sie einmal darauf, dass diese Menschen nie einfach mal nur anrufen, um zu fragen, wie es Ihnen geht. Die klassische Einbahnstraße, alle Aufmerksamkeit und Energie fließt immer nur zu denen, und nichts kommt bei Ihnen an.

Achten Sie ferner darauf, wer Sie um Rat bittet, sich bei Ihnen beschwert oder einfach nicht mehr aufhört zu reden, während Sie zuhören. Dieses Muster habe ich jahrzehntelang mitgemacht, bis mir irgendwann klar wurde, dass sich diese Leute immer nur dann melden, wenn sie etwas wollen. Hier ein Beispiel. Eine alte Freundin rief bei mir an, und ich dachte schon: *Oh, wie schön! Sie meldet sich bei mir, weil es ihr etwas bedeutet und weil sie mich schätzt.* Mein inneres Kind war in heller Aufregung: *Oh, toll, sie meldet sich, ich bedeute anderen etwas.* Doch dann dämmerte es mir, dass der einzige Grund, warum sie mich anrief, der war, dass ich ein Manuskript positiv bewerten, jemanden vorstellen oder mit einem medizinischen Rat herausrücken sollte. Die dünne Schicht des Interesses an mir schwand ziemlich schnell dahin. Und es kam nichts zurück.

Bevor wir richtig merken, was geschieht, und unser Verhalten stoppen, geben wir zumeist ganz selbstlos unser Wissen, unsere Zeit und Kraft für diejenigen hin, die uns nachts, am Wochenende oder wann immer anrufen. So sind wir halt. Wir fördern Talente. Ganz liebevoll. Und wenn sie dann auflegen, fühlen wir uns zunächst gut – auch wenn das eigentlich schon jahrelang so geht –, weil wir eben das Gefühl haben, wertvoll zu sein. Aber dann stellen wir irgendwann fest, dass diese Leute nie für uns da sind. Unserem Rat folgen sie auch nicht. Nichts ändert sich. Alles, was sie wollen, ist unsere Energie und eine Stimme am anderen Ende, die ihnen sagt, was sie bereits wissen. Manchmal wollen sie auch einfach nur, dass wir etwas für sie tun.

Diejenigen, die uns anrufen und doch nie etwas ändern, erleben oft Dramen über Dramen. Weil Sie das am Leben hält, halten sie die Dramen ebenfalls am Laufen. Auf den ersten Blick mag das sogar interessant und aufregend wirken. Ist Ihnen so etwas auch schon mal aufgefallen?

Kürzlich habe ich eine alte Freundin besucht und dabei sprachen wir über eine andere Freundin, die uns vor Jahrzehnten zusammengebracht hatte. Ich nenne sie Joan. Als wir unsere Geschichten über Joan erzählten, stellten wir fest, dass wir beide im Laufe der Jahre Stunde um Stunde damit zugebracht hatten, ihre Dramen anzuhören und ihr bei der Lösung ihrer Probleme zu helfen. Aber geändert hat das nichts. Es ging einfach immer so weiter, während wir versuchten, ihr finanziell und gesellschaftlich unter die Arme zu greifen. Am Ende erkannten wir beide das Muster und zogen uns zurück. Die Durchsicht unserer Notizen hat uns dann beiden die Augen geöffnet. Was, du auch? Ja, ich auch.

Die Sache ist die: Gäbe es kein Drama, dann müssten die Energievampire die spirituelle Seite des Ganzen in Betracht ziehen, aber das wollen sie nicht. Trauma und Drama sind bequem. Deshalb ist auch der Mainstream-Nachrichtenstrom so negativ. Vertraut und bequem. Und gut verkäuflich. Das Ganze hat Suchtpotenzial. Immer gibt es etwas, was getan werden muss. Dinge, die nichts mit einem zu tun haben. Man konzentriert sich auf alles, außer auf das eigene Innere, den Ort unserer wahren Kraft. Und der einzige Ort, an dem niemand anders die Arbeit für uns erledigen kann.

Wenn es nichts mehr zu tun gibt, bleibt nur noch das Göttliche, wie auch immer man es nennt. Doch Vampire wollen das nicht sehen, denn so, wie es läuft, ist es viel bequemer. Was soll mit ihnen nicht stimmen? Wozu auf die eigenen Anteile blicken? Äußerliche Belohnungen gibt es zuhauf: Geld, Sex, Macht. In einem Kapitel seines Klassikers *Gewissenlos. Die Psychopathen unter uns* schreibt Dr. Robert D. Hare, ein Fachmann, warum bei diesen Menschen nichts anschlägt: „Und hier ist der springende Punkt: Psychopathen haben nicht den Eindruck, dass sie psychisch oder emotional gestört sind, und sie sehen auch keinen Grund, ihr Verhalten so zu ändern, dass es gesellschaftlichen Standards entspräche. Denn von denen halten sie ohnehin nichts."

Hochsensible empathische Menschen indessen haben zumeist eine gute Verbindung zu Gott und glauben an die Kraft des Göttlichen. Wir haben Mitleid mit denen, die dies nicht können, und setzen viel darauf, uns wechselseitig unseres Glaubens an die göttliche Kraft im Inneren zu versichern. Sie aber wollen es nicht auf sich nehmen, mit dem göttlichen Funken in Kontakt zu treten. Lieber nehmen sie einen Schwung unserer Energie mit, um bis zum nächsten Mal über die Runden zu kommen. Wenn wir in diesem ganzen Drama unseren Anteil nicht begreifen, vielleicht weil wir nur allzu gern selbst Gott spielen, immer verfügbar sind und auf alles eine Antwort haben, dann laufen wir Gefahr, uns zu verlieren und die seelische Stagnation der anderen noch zu befördern. Erkennen Sie sich hier wieder, trifft das Gesagte auch auf Ihre Beziehung zu?

Festgefahrene Beziehungen

Wenn Sie in einer Beziehung mit einem Energievampir sind, dann lautet die Frage: Warum steigen Sie nicht aus? Warum sagen Sie nicht, was Sache ist und schützen sich selbst? Wie gesagt, es gibt viele hochempathische Menschen, die es schaffen, weil sie die Probleme frühzeitig erkennen und den Vampir sofort fallen lassen.

Wer das nicht tut, hat vor allem zwei Gründe: Erstens ist so jemand von Natur aus mitfühlend und fürsorglich und übersieht einfach die Warnsignale, vor allem dann, wenn die Person ihrer Intuition nicht traut und den Umständen um sie herum zu wenig Beachtung schenkt. Und dann sind es seelische Verletzungen, die mit einem starken Verlangen nach Akzeptanz einhergehen und zu dem Wahn führen, die Gefühle anderer unter gar keinen Umständen verletzen zu dürfen. Bei den Empathikern mit alter Seele gibt es noch ein drittes hinderliches Element: Wir glauben wirklich, dass unsere Liebe und Fürsorge andere Menschen heilen kann – in diesem Fall den Vampir. Und obwohl wir die Warnsignale vielleicht sogar gesehen haben, glauben wir fest, dass es mit uns anders laufen wird – und dass es den anderen einfach an unseren Fähigkeiten und unserem Mitgefühl gemangelt hat.

Kommt es dann zur unvermeidlichen Kränkung, ist unsere erste Reaktion Wut, Verletztheit und Enttäuschung. Doch schnell ersetzen wir diese Regungen durch Schuldgefühle – das haben wir schon früher so gemacht, in der Kindheit, in früheren Leben oder in beidem. Wir machen den Fehler zu denken, Energievampire seien genauso sensibel wie wir. Weil wir auf keinen Fall riskieren wollen, ihre Gefühle zu verletzen – und weil wir verdammt gut darin sind, Probleme zu lösen –, nähren wir sie mit unserer Kraft und verausgaben uns eher selbst dabei, anstatt das Risiko einzugehen, aufzustehen, für uns einzustehen und zuzugeben, wie wütend, verletzt und enttäuscht wir in Wahrheit sind. Und dann die Beziehung beenden.

Stattdessen bleiben wir dran, wollen sie überzeugen, sich Hilfe zu holen und etwas zu ändern. Aber das führt zu nichts, denn ändern werden sie sich nicht. Wer sich in der Beziehung zu einem Energievampir ändern muss, das sind *Sie*. Sie müssen der Sache *ein Ende bereiten* und aus der Beziehung aussteigen. Ich weiß, dass Sie das ungern hören, besonders diejenigen unter Ihnen, die über Jahre so viel Arbeit in die Beziehung investiert haben, aber je eher Sie sie aufgeben und sich auf sich selbst besinnen, desto besser für Ihre Gesundheit, Lebensfreude und Leistungsfähigkeit.

Eine meiner Freundinnen, die sich seit geraumer Zeit von ihrer Ehe mit einem Energievampir erholt, hat mir erzählt, wie sich ihr Leben verändert hat, seit sie ihn verlassen hat. Im Zuge ihrer Genesung hat sie sich an ein früheres Leben erinnert. Darin war sie alt und saß in einer Höhle. Ihr Stamm hatte sie verlassen, und das obwohl sie fast alle seine Kinder als Hebamme auf die Welt geholt hatte. Wir sprechen hier von Verlassenheit und Trauer. In ihrem jetzigen Leben fand ihre Familie sie schon als kleines Mädchen seltsam, denn schon früh hatte sie sich für Meditation, Yoga, Sanskrit, Ernährung und meditativen Tanz interessiert, worin sie sehr begabt war. Dennoch lagen ihr Selbstvertrauen und Selbstwertgefühl am unteren Ende der Skala. Hinzu kommt, dass sie durch Armutsgelübde und Keuschheitsversprechen ihrer Klosteraufenthalte in früheren Leben viel mit Selbstverleugnung und Schuld in Berührung gekommen war. Sie wusste, was Selbstgeißelung ist und hatte, was den Wert einer Frau angeht, eine regelrechte Gehirnwäsche durchlaufen.

All das machte sie natürlich zu einem gefundenen Fressen für einen Energievampir, da nützten auch ihre Supereigenschaften und zahlreichen Doktortitel nichts. In dieses Leben war sie gekommen, weil sie glaubte, dass sie nicht liebenswert war. Und als sie diesem hübschen und charmanten Mann begegnete, der sie gleich mit Liebe überschüttete, war es um sie geschehen. Als sie sich kennenlernten, erwartete er gerade einen warmen Geldregen. Das Familienunternehmen wurde verkauft – ein Unternehmen, das er allerdings nicht aufgebaut hatte. Es war nur geerbtes Geld gewesen, und nachdem sie verheiratet waren, hatte er fortan immer Ausreden parat, warum seine eigenen Unternehmungen scheiterten. Er war ein richtiger Blender.

Von der fatalen Anziehung zwischen alten Seelen und Energievampiren wusste sie nichts, und deshalb tat sie alles dafür, um ihn zu motivieren und erfolgreich zu machen. Sie bezahlte seine Business-Trainings und sogar seine privaten Reisen – alles in der Hoffnung, dass ihn das glücklich und erfolgreich machen würde. Schließlich war er groß, sah blendend aus und hatte Potenzial.

Während sie mehr als 80 Stunden pro Woche in drei verschiedenen Jobs arbeitete, trug er fast nichts zum gemeinsamen Einkommen bei, beschuldigte sie aber, das Geld mit vollen Händen auszugeben.

Nach 19 Jahren Ehe litt sie schließlich unter Nebennierenerschöpfung, Schlaflosigkeit, Schilddrüsenproblemen, Brustschmerzen und einem niedrigen Selbstwertgefühl. Auch zweifelte sie allmählich an ihrem Verstand.

Der Mangel an Selbstwert und das dringende Bedürfnis, akzeptiert und geliebt zu werden, macht viele von uns zu einem perfekten Ziel für Energievampire und die dunklen Seiten der menschlichen Natur insgesamt. Das betrifft nicht nur unsere engsten Beziehungen, sondern auch die Arbeitswelt. Eine Frau, mit der ich gearbeitet habe, hatte einen Job als persönliche Sekretärin für einen vermögenden und erfolgreichen Mann. Obwohl sie gut ausgebildet war und ihre Arbeit gut machte, verlangte er immer nach mehr. Sagte sie dann: „Diese zusätzlichen Stunden stehen nicht in unserem Arbeitsvertrag", pflegte er zu entgegnen: *„Aber meine Liebe, Sie organisieren mein Leben. Was würde ich ohne Sie tun?"* Das war natürlich Balsam. Oh, toll. Er braucht mich wirklich. Ich bin wirklich etwas Besonderes!

Leider hat sie es nicht geschafft, eine klare Grenze zwischen Privatleben und Arbeit zu ziehen, weil ihr Chef diese permanent verletzt hat. Eine Kollegin – die dieses Spiel schon mit ihren Vorgängerinnen beobachtet hatte – sagte dazu nur: „Wenn Sie bis Dezember noch hier sind, weiß ich, dass Sie verrückt sind." Als sie schließlich ging – aus gesundheitlichen Gründen wohlgemerkt – waren die letzten Worte ihres Chefs nicht „Vielen Dank für Ihre tolle Arbeit". Von wegen. Stattdessen sagte er: „Werden Sie mich vermissen?"

Diese Dynamik sehen wir im Übrigen auch häufig in spirituellen Beziehungen. Wie bereits erwähnt, zieht es empfindsame Menschen mit alter Seele oft zu spirituellen Lehren und bestimmten Gruppen, gern auch zu verschiedenen Gurus. Das habe ich selbst erlebt, als ich mich auf eine Meditationsbewegung einließ, die noch in der Gründungsphase steckte. Die Organisation hat sich damals sehr bemüht, mich als Lehrer zu gewinnen. In dem Zusammenhang habe ich reichlich Vorträge in meiner Heimatstadt organisiert. Aber schon bald sah ich, dass die Organisation – wie andere auch – vor allem unentgeltliche Arbeit erwartete. Der Einzige, der am Ende profitiert hat, war der Guru. Ich spreche nicht von Menschen, die durch eine spirituelle Gruppe Motivation und Bereicherung erfahren haben. Das gibt es sicher auch. Doch ich habe zu viele Gurus aller Couleur gesehen – manche davon religiös, manche nicht –, die nichtsahnende Hochsensible rekrutiert und solange eingespannt haben, bis diese am Ende alles verloren hatten, Zeit, Geld und Selbstachtung. Dies passiert vor allem mit charismatischen Führern, die meinen, sie hätten eine direkte Verbindung zu Gott, wo doch in Wahrheit Gott nicht in irgendeiner äußeren Prophetengestalt zu finden ist. Gott ist im Inneren. Das sollten wir beispielhaft vorleben und verkünden.

Der Vampir – egal ob Mann, Frau, Geliebter, Kollegin oder Guru – nährt sich davon, dass er die Lebenskraft und die Ressourcen hocheinfühlsamer Menschen aussaugt, so lange, bis diese krank werden, ratlos, pleite und mit emotionalen Blessuren zurückbleiben. Und das alles nur, weil sich die alten Verletzungen der mitfühlenden Menschen gegen diese selbst richten.

Wie Ihre Lebensenergie abgesaugt wird

Um zu verstehen, was ich mit „nährt sich von der Lebenskraft anderer" meine, müssen wir uns einmal mit dem Begriff narzisstische Zufuhr beschäftigen. Denn durch diesen Begriff werden Sie die Dynamik in einer Vampirbeziehung überhaupt erst verstehen. Narzisstische Zufuhr ist das „Lebenselixier", das manipulative Menschen aus einem einfühlsamen Gegenüber ziehen. Und dafür, um diese narzisstische Zufuhr zu bekommen, beeinflussen Vampire andere Menschen. Ganz gleich, ob sie diese in Form von Aufmerksamkeit, Geld, Sex oder Status bekommen. Es gibt ein altes Sprichwort: „Egal ob gut oder schlecht, Hauptsache über mich wird gesprochen." Vampire können den ganzen Sauerstoff aus einem Raum absaugen. Denn in ihnen lauert ein Abgrund, der nicht gefüllt werden kann, was sie aber nicht daran hindert, es immer wieder einzufordern. Oftmals brechen Vampire einen Streit vom Zaun, wenn sie finden, dass die Dinge ein bisschen zu glatt laufen. Darüber gewinnen sie ihre Energie, wobei es keine Rolle spielt, ob diese Energie gut oder schlecht ist. Im Grunde besteht die narzisstische Zufuhr aus dreierlei: Energie, Aufmerksamkeit und Geld auf sich zu lenken – darin sind sie richtig gut.

Manchmal ist der Energieabfluss in Richtung eines Vampirs so stark, dass man fast schon meint, in ihrer Gegenwart einzuschlafen. Vor ein paar Jahren besuchte ich das Haus einer sehr erfolgreichen Frau. Oberflächlich betrachtet hatte sie alles. Ein prächtiges Heim, eine Wahnsinnsfirma, die international operierte, und alle mögliche Unterstützung. Ich wollte sie unbedingt kennenlernen.

Während ich beim Mittagessen saß und aus dem Fenster auf ihre schönen Gärten blickte, wurde ich plötzlich von einer tiefen Müdigkeit überwältigt – ganz wie in der Mohnszene in *Der Zauberer von Oz*. Ich musste richtig kämpfen, um mich wach zu halten. Als das Mittagessen beendet war und wir ins Wohnzimmer gingen, hätte ich mich am liebsten zum Schlafen auf den Teppich gelegt. Das ist wirklich mein Ernst, so schlimm war es. Ich musste mir auf die Lippen beißen und meine Nägel in meine Handflächen krallen, nur um wach zu bleiben. Schließlich habe ich sogar das Horoskop der Frau ins Spiel gebracht und ihre Tarotkarten gelegt, nur um wach zu bleiben und das Gespräch am Laufen zu halten. Glücklicherweise war noch eine Freundin dabei, der es genauso ging. Obwohl wir ursprünglich das Wochenende dort verbringen wollten, wurde uns klar, dass wir da rausmussten. Also haben wir uns einen Plan zurechtgelegt, um uns unauffällig aus der Affäre zu ziehen.

So etwas habe ich auch bei anderen Gelegenheiten mit Menschen erlebt, die oberflächlich betrachtet ganz reizend und zuvorkommend waren. Aber unter der Oberfläche ging immer noch etwas ganz anderes vor sich. Das liegt daran, dass Vampire in Beziehungen Chamäleons sein können, die genau wissen, wie man noch „gerade genug“ Aufmerksamkeit an den Tag legt oder Besserung gelobt, um das Gegenüber bei der Stange zu halten. Dann sagen sie das, was Sie hören wollen. Hauptsache, Sie bleiben, um die narzisstische Zufuhr abzuliefern.

Wenn man hingegen droht, die Beziehung abzubrechen, wird der Vampir plötzlich sehr entgegenkommend und veränderungsbereit. Vielleicht käme sogar der Besuch beim Therapeuten infrage. Dann denkt man natürlich: *Der Wahnsinn, er hat mich verstanden. Alles wird gut.* Aber nichts wird gut. Was stattdessen passiert, ist, dass der Vampir gerade so viel nachgibt, um Sie zu halten, gewöhnlich mit gefühlvollen und einprägsamen Worten. Aber eine wirklich substanzielle Verhaltensänderung bleibt aus. Und wenn Sie bleiben, kann das für Ihre Gesundheit und Ihr Leben unschön enden. Eine meiner Patientinnen drückte es, nachdem sie sich endlich hatte scheiden lassen, so aus: „Ich schwöre, dass ich, hätte er mir nur einen Funken Zuneigung und Aufmerksamkeit gegeben, geblieben wäre. Gott sei Dank hat er das nicht. Denn wenn ich geblieben wäre, wäre ich an Brustkrebs gestorben. Ich bin mir ziemlich sicher, dass ich bereits in diese Richtung unterwegs war."

IV. KAPITEL

Gesundheitliche Risiken einseitiger Beziehungen

Haben Sie schon einmal ein Paar gesehen, das einfach überhaupt nicht zusammenzupassen scheint? Etwa ein unheimlich attraktiver Mann mit einer übergewichtigen, aufgedunsen und abgekämpft aussehenden Frau? Oder umgekehrt? Ich schätze, das haben Sie. Und Sie haben sich vielleicht gefragt: *Was findet er an ihr?* Die Sache ist: Das sind Vampirbeziehungen. Die Person, die starmäßig rüberkommt, ist ein Vampir, und die Person, die ausgelaugt und krank aussieht, ist ein hochsensibler Mensch – und die narzisstische Zufuhr des Vampirs, Quelle seiner oder ihrer Lebensenergie. Das muss man buchstäblich so sehen, als ob hier eine Übertragung stattfindet, bei der der Vampir das sensible Gegenüber erschöpft. Wer ein Talent dazu hat, Energie zu sehen und zu spüren, nimmt dies sogar als Energiesog zwischen den Beteiligten wahr.

Sobald Sie die Dynamik einer Vampirbeziehung erst einmal verstanden haben, werden Sie sehen, wie sich Vampire – sobald sie keine narzisstische Quelle haben – zum schwarzen Loch werden. Sie haben nichts zu bieten. Aus dem Menschen mit der Einstellung, „das Leben ist eine einzige große Party" – das hatten Sie ja immer so bewundert –, ist ein larmoyanter Langweiler ohne Esprit geworden. Eine meiner Kolleginnen hat mir einmal erzählt, dass sie schon immer sagen kann, wenn ihr Vampir-Ex eine neue Freundin hat. Dann räumt er auf, macht Sport und sieht strahlend gesund aus. Aber wehe, wenn er keine Quelle zum Anschließen hat, dann wirkt er alt und müde, und langweilig dazu. Das ist im Übrigen auch der Zeitpunkt, an dem er sie anruft. Nur um einen kleinen „Schuss Energie“ abzugreifen. Seine Anrufe nimmt sie deshalb schon gar nicht mehr entgegen.

Das Verhältnis eines Energievampirs zu seiner Versorgungsquelle kann man mit dem vergleichen, was in der Natur passiert, wenn eine parasitäre Pflanze wie die Mistel zum Beispiel eine Ulme einnimmt. Die Mistel wächst im Versorgungssystem eines Baums und entzieht ihm dabei zum Überleben Nährstoffe und Wasser. Für die Gesundheit des Baums ist das nicht gut. Je nachdem, wie weit die Mistel vorankommt, kann sie den Baum tatsächlich absterben lassen. Das Gleiche gilt für diejenigen, die mit einem Vampir in Beziehung stehen. Wenn eine sensible empathische Persönlichkeit eine robuste Konstitution hat, gut isst und im Großen und Ganzen gut für sich sorgt, dann kann sie dem Energieverlust durchaus standhalten. Zumindest eine Weile.

Im Laufe der Zeit jedoch wird der Tribut fällig – und das ist, wenn sich die Auswirkungen des Zusammenseins mit einem Energievampir nicht nur emotional zeigen oder mit dem Gefühl einhergehen, ausgelaugt zu sein. Der Unterschied im Erscheinungsbild steht am Anfang einer ganzen Reihe von körperlichen Beschwerden, die nicht weniger schmerzlich sind wie die psychischen. Aus meiner Erfahrung kann ich sagen, dass hochsensible Menschen, die in Vampirbeziehungen bleiben, am Ende unter Gesundheitsproblemen leiden wie Nebennierenschwäche, Borreliose oder Schilddrüsenerkrankungen. Sie können nicht mehr abnehmen, leiden am Reizdarmsyndrom, an Diabetes oder Brustkrebs und sogenannten mysteriösen Krankheiten und Autoimmunerkrankungen, die nicht gut auf herkömmliche medizinische Therapien ansprechen. Tatsächlich würde ich aus meiner langjährigen Erfahrung an vorderster Front der Frauengesundheit sagen, dass die Ursache für Gesundheitsprobleme *sehr oft* darin liegt, dass jemand mit einem Vampir zu Hause oder am Arbeitsplatz zu tun hat. Und solange das nicht angesprochen wird, helfen weder Sport noch Meditation, weder Yoga oder ein Ernährungsprogramm. Das hat damit zu tun, dass sie noch so oft etwas Gutes für sich tun können – sei es ein Yoga-Retreat, ein Saftfasten oder eine Massage – solange der Vampir sie wieder auslaugt, sobald sie nach Hause kommen.

Eine meiner Kolleginnen, sie hat einen Doktor in Ernährungsmedizin und ist dazu noch international tätige Yogalehrerin und Gesundheitsberaterin, war 20 Jahre lang mit einem Vampir verheiratet. Trotz ihres Wissens und ihres gesundheitsbewussten Verhaltens litt sie ständig unter einer zehrenden Nebennierenerschöpfung und hatte Gewichtsprobleme – und das, obwohl sie viel und regelmäßig Sport machte. Sie fuhr um der Gesundheit willen an die entlegensten Orte, und oft habe ich mich gefragt, warum sie so viel gereist ist. Wie sich herausstellte, war dies der einzige Weg, wie sie überleben konnte.

Doch jedes Mal, wenn sie nach Hause kam – strahlend und gesund – hat sie die immer gleiche alte Vampirtaktik binnen weniger Wochen wieder ausgelaugt. Und dann war sie erneut an dem Punkt, wo sie angefangen hat.

Kürzlich berichtete mir die Psychologin Sandra L. Brown in einem Telefoninterview, dass 75 Prozent der Frauen, die zu ihren Retreats kommen, um sich von narzisstischem Missbrauch zu erholen, an Autoimmunkrankheiten und den oben erwähnten Symptomen leiden.

Die biochemischen Grundlagen von Krankheit

Schauen wir uns also an, wie es in einer Vampirbeziehung zu Gesundheitsproblemen körperlicher Art kommen kann. Zunächst einmal führt der ständige Stress in einer Vampirbeziehung – die ständigen Enttäuschungen, die Negativität, der Versuch, den anderen zu „ändern“, die Täuschungsmanöver usw. – zu dauerhaft erhöhten Stresshormonen. Und das macht sich irgendwann körperlich bemerkbar. Sehr gut dokumentiert ist in dem Zusammenhang, dass das Immunsystem von Menschen, die ständig Konflikte austragen, zu Fehlsteuerungen neigt und sich dadurch die Anfälligkeit für Infektionskrankheiten sowie sogenannter Autoimmunerkrankungen erhöht. Laut WebMD, einem Medizinportal im Internet, sind 75 bis 90 Prozent aller Besuche bei Hausärzten auf stressbedingte Beschwerden zurückzuführen. Das kann ich aus meinen eigenen Jahren in der Praxis durchaus bestätigen.

In einer wegweisenden Publikation mit dem Titel *Stress in America: Our Health at Risk* von 2012 führte die amerikanische Psychologenvereinigung eine landesweite Befragung durch. Obwohl die genannten Stressoren regional unterschiedlich waren, rangierten Beziehungs- und Familienstress nach Geldsorgen überall im Land auf Platz zwei. Bei genauerer Betrachtung würde man, da bin ich sicher, herausbekommen, dass Beziehungsstress vor allem daher rührt, Vampire dazu zu bringen, für ihr Handeln einzustehen oder daher, dass man hinter ihnen herräumt.

Was passiert nun, wenn jemand ständig im Stress ist? Dann produzieren die Nebennieren ein Stresshormon, das als Cortisol bekannt ist. Unter normalen Umständen unterdrücken kleine Mengen Cortisol Entzündungen und versetzen uns in die Lage, einer Gefahr zu entgehen. Wenn nun allerdings die Cortisolspiegel ständig hoch bleiben, dann fängt der Körper an, Entzündungsbotenstoffe, die Zytokine, herzustellen. Und diese sind mit einer ganzen Reihe von Symptomen verbunden, darunter Kopfschmerzen, Gewichtszunahme, Verdauungsproblemen, Gelenkschmerzen und -schwellungen, Fibromyalgie, Arthritis und schließlich Diabetes und Herzerkrankungen. Sie sehen, viele chronisch degenerative Erkrankungen, einschließlich Krebs und Diabetes, haben eine langfristige zelluläre Entzündung als (Mit-)Ursache.

Im Moment legt man Leuten mit sogenannten Autoimmunerkrankungen nahe, dass ihr eigentliches Problem ein Virus sei, etwa Epstein-Barr. Und selbst wenn dies zum Teil richtig ist, dann ist es doch nur die halbe Wahrheit. Denn in uns und um uns herum gibt es zig Millionen Viren. Tatsächlich sind sie sogar Teil unseres angeborenen und nicht selten hilfreichen sogenannten „Mikrobioms“ – Milliarden Bakterien und Viren, die uns dauerhaft besiedeln und zu unserem körperlichen Gleichgewicht beitragen. Ein Virus wie Epstein-Barr, von denen es Hunderte Arten, darunter alle Herpesviren, gibt, stellt nur dann ein Problem dar, wenn das Immunsystem durch chronischen Stress und eine ständig erhöhte Cortisolausschüttung aus dem Gleichgewicht geraten ist und sich nicht mehr richtig selbst regulieren kann.

Wie oft schon mögen Sie sich dabei ertappt haben, wie sie Schmerzmittel einwerfen (zum Beispiel ein frei verkäufliches nichtsteroidales entzündungshemmendes Antirheumatikum wie Ibuprofen), um Schmerzen zu lindern, die eigentlich aus einer chronischen zellulären Entzündung resultieren. Sie haben Kopfweh? Schnell eine Ibu. So sieht es aus. Das Problem ist nur, dass Sie mit dieser Medikamentenstrategie nie zum eigentlichen Problem gelangen: dem Vampir, der sie nicht nur ständig unter Druck setzt, sondern Sie – kompensatorisch – auch noch zu einem (Ess-)Verhalten animiert, das die zelluläre Entzündung zusätzlich befördert.

Dauerhaft erhöhte Cortisolwerte richten auch hormonell viel Schaden an. Unter chronischem Stress macht sich die Libido davon. Und die Libido ist weit mehr als das, was wir gemeinhin als Sexualtrieb bezeichnen. Sie gehört viel mehr zu dem, was in der traditionellen chinesischen Medizin als Chi bekannt ist. Chi ist ein gutes Maß für die eigene Lebenskraft. Ist der Cortisolspiegel zu hoch, wird besonders in der Zeit der Wechseljahre Östrogen zusätzlich zu einem Stresshormon umgewandelt. Überschüssiges Cortisol führt unter anderem zu hohen Insulinwerten und Schwankungen des Blutzuckers. Das Ergebnis ist ein Heißhunger auf Süßigkeiten und ein Verlangen nach Alkohol, eine Gewichtszunahme und Schlafstörungen. All das macht sich verstärkt in der Lebensmitte bemerkbar, in einer Zeit, in der wir ohnehin nach Anerkennung dürsten und körperlich weniger denn je zuzusetzen haben.

Kognitive Dissonanz und Stress

Bereits im Jahr 1957 veröffentlichte Leon Festinger in den USA ein Buch mit dem Titel *Theorie der kognitiven Dissonanz*. Danach trachten wir Menschen danach, in unseren Überzeugungen und Einstellungen zu einem einheitlichen Bild zu kommen, und zwar immer, und besonders dann, wenn wir auf Widersprüchliches stoßen. Die Theorie besagt auch, dass der Wunsch nach Aufrechterhaltung der kognitiven Konsistenz, also der Einheitlichkeit des Weltbilds, zu irrationalem, ja manchmal unangemessenem Verhalten führen kann. Nun hegen wir alle eine Vielzahl von Überzeugungen über die Welt und uns selbst. Prallen diese aufeinander, kommt es zu einer Spannung, die als kognitive Dissonanz bezeichnet wird. Mit der Zeit führt diese per se zu hohen Cortisolspiegeln und in der Folge zu chronischen Entzündungen.

Festingers Theorie der kognitiven Dissonanz entstand aus einer Studie über einen Kult, dessen Mitglieder glaubten, die Erde würde durch eine Flut zerstört. Festinger untersuchte in der Folge, was mit den Kultmitgliedern passierte, nachdem die Flut nicht eingetreten war – vor allem mit denjenigen, die ihre Häuser und Arbeitsplätze aufgegeben hatten, um für den Kult zu arbeiten. Dabei fand er heraus, dass die lose integrierten, eher randständigen Mitglieder eher zugaben, sich lächerlich gemacht zu haben. Sie verbuchten diese Erfahrung als „das war uns eine Lehre". Die 150-Prozentigen indessen sahen das Ausbleiben der Flut als Beweis dafür, dass das Wirken der Rechtschaffenen die Katastrophe verhindert habe.

Die kognitive Dissonanz lässt sich nun auf dreierlei Weise vermindern: Erstens durch eine indivdiduelle Verhaltensänderung. Das Beispiel wäre die kognitive Dissonanz eines Rauchers, der weiterhin raucht, obwohl er weiß, dass Rauchen Krebs verursachen kann. Bei dem ersten Vorgehen akzeptiert man die Fakten und ändert sein Verhalten entsprechend. Sie würden zum Beispiel das Rauchen aufgeben. Bei der zweiten Methode der Dissonanzverringerung erhält man neue Informationen. So könnte eine passionierte Raucherin auf Fälle verweisen, wo Leute, die ihr ganzes Leben lang geraucht haben, nie ein Problem bekommen haben. Hier würde die Dissonanz durch die neue Vorstellung verringert werden, wonach das Rauchen nicht in allen Fällen Probleme macht.

Und dann gibt es noch den dritten Weg der Dissonanzreduktion, und der liegt in der Verminderung der Bedeutung der eigenen Überzeugungen. Im Falle des Rauchens könnte ein Raucher also sagen: „Na ja, ich rauche nun mal gern. Deshalb lebe ich im Heute und genieße meine Zigaretten."

In diesem Beispiel würde dann der Raucher jedes Mal, wenn er jemandem mit tabakrauchinduziertem Krebs begegnete (oder an das Thema denkt), den gefühlten Stress der kognitiven Dissonanz erleben – und sich jedes Mal aufs Neue wieder für seine Entscheidung rechtfertigen.

Die gleiche Situation gilt für eine Person mit Supereigenschaften, die in einer Beziehung zu einem Vampir steht. Diese Menschen glauben aus tiefstem Herzen, dass Menschen änderbar sind, dass Liebe alles zu heilen vermag und sie am Ende doch ihrem Partner helfen können. Den Stress der kognitiven Dissonanz erleben sie immer dann, wenn der Vampir gemein ist, besonders nach Phasen der „Besserung". Wenn die Menschen mit den Supereigenschaften dann mit Lügen, Manipulationen und Aggressionen konfrontiert werden, geraten sie in starken Stress – und beschließen, um vor sich selbst zu bestehen, in der Beziehung auszuharren.

Vielleicht kennen Sie das von sich selbst. Ihr Partner hat sie einmal wieder niedergemacht, sie aber erinnern sich an das eine Mal, als er zu Weihnachten nett zu Ihnen war. Oder die Zeit, als er Ihnen Komplimente machte und sagte, dass Sie gut aussähen. Oder die Tatsache, dass er wirklich gut im Bett ist.

In der Tat hat die Psychologin Sandra Brown Beweise für Hirnveränderungen bei denjenigen gefunden, die seit Jahren mit kognitiver Dissonanz leben. Betroffene Frauen beschreiben nicht nur Angst und Depression, sondern auch Gedankennebel und die Unfähigkeit, Entscheidungen zu treffen oder sich selbst zu vertrauen. Diese ach so effizienten Frauen, die sich überall sonst hervortun, weisen plötzlich Störungen der Exekutivfunktion auf und verlieren die Fähigkeit, klar zu denken.

Und nicht nur sie hat diese Beweise ermittelt. Neuere neurowissenschaftliche Studien unter Verwendung von Hirnscans haben gezeigt, dass Menschen, die mit kognitiver Dissonanz gelebt haben, ähnliche Hirnveränderungen haben wie Menschen mit einer posttraumatischen Belastungsstörung.

Das ist schon ein ziemlich überzeugender Beweis dafür, welch starken Einfluss diese Art von emotionalem Missbrauch hat. Auch ist damit erklärt, warum so viele der Frauen in Sandra Browns Retreats an Autoimmunerkrankungen leiden.

In einem 2017 veröffentlichten Artikel in der Fachzeitschrift *Arthritis & Rheumatology* fanden Forscher heraus, dass eine posttraumatische Belastungsstörung und überhaupt ein durchlittenes Trauma mit einem höheren Risiko für die Entwicklung der Autoimmunerkrankung Lupus verbunden sind. Das Risiko war bei Frauen mit einer PTBS dreimal höher und bei Frauen mit einem allgemeinen Trauma doppelt so hoch. Dies ist nur eine von zahlreichen Studien, die sich mit den Auswirkungen von psychischem Stress auf die Entstehung einer Autoimmunerkrankung beschäftigt haben. Im Jahr 2008 veröffentlichte *Autoimmunity Reviews* einen Artikel mit dem Titel „Stress als Auslöser der Autoimmunerkrankung", in dem es hieß: „In neueren Darstellungen wird die mögliche Rolle von psychischem Stress und den wichtigsten stressbezogenen Hormonen bei der Pathogenese von Autoimmunerkrankungen diskutiert. Dabei vermutet man, dass die stressgetriggerten neuroendokrinen Hormone zu einer Immunfehlsteuerung führen, die letztlich zu einer Autoimmunerkrankung führt, indem sie die Zytokinproduktion verändern beziehungsweise verstärken." Daraus hat man den Schluss gezogen, dass die Behandlung von Autoimmunerkrankungen auch Stressbewältigung beinhalten sollte.

Gesundheit heute

Als ich in den Achtzigerjahren meine Praxis eröffnete, war der Begriff PMS – prämenstruelles Syndrom – noch relativ neu. Meine Kollegen wussten nicht einmal, dass es ihn gibt. Als mir dann auffiel, dass PMS wunderbar auf Veränderungen im Lebensstil reagierte, wurde ich damals als Ärztin, die Frauen mit monatlichen Stimmungsschwankungen helfen konnte, recht bekannt. All diese Frauen sprachen gut auf eine Ernährungsumstellung an, auf B-Vitamine, Bewegung und andere Techniken der Stressreduzierung – zumindest für eine Weile. Doch am Ende war kaum eine in der Lage, die Lebensstilveränderungen länger als drei Monate durchzuhalten. Ich fragte mich, warum das so war, und musste mit der Zeit feststellen, dass die Frauen fast immer entweder mit einem Vampir arbeiteten oder mit einem zusammenlebten. Da war es kein Wunder, dass es mit dem gesunden Lebensstil nichts wurde. Denn die Ursache des Problems wurde nie gefunden. Das Gleiche gilt für chronische Unterleibsschmerzen. Erst Ende der Achtzigerjahre hat mein Berufsstand den Zusammenhang zwischen sexuellem Missbrauch und Unterleibs- oder Beckenschmerzen erkannt. Wir Ärzte sind schließlich darauf trainiert, nach der körperlichen Ursache zu suchen. Damals sagten meine Kollegen zu mir: „Wir haben nur normale Frauen", was heißen sollte, dass die Probleme meiner Patientinnen „mit ihrem Kopf" zu tun haben mussten.

Dieselbe kognitive Dissonanz zieht sich durch das Gesundheitssystem insgesamt. Die zugrunde liegende Annahme lautet so: Zu den Ursachen von Krankheiten gehören Pech, Keime oder schlechte Gene. Sie haben nichts mit Ihrer Ernährung, Ihren Beziehungen oder Ihrem Leben zu tun. Aber keine Sorge, es gibt ein passendes Medikament für Sie, oder jedenfalls bald.

Die Tatsache, dass Nebenwirkungen durch Arzneimittel und medizinische Fehler in den USA die dritthäufigste Todesursache überhaupt sind, bleibt dabei unerwähnt. Alles, was wir angeblich tun können, ist, auf den nächsten großen pharmazeutischen Durchbruch zu warten.

Nun bin ich lange genug Ärztin gewesen, um zu sehen, dass sogenannte mysteriöse Krankheiten, die von der Schulmedizin noch vor zwei Jahrzehnten als psychosomatisch abgetan wurden, nun „rehabilitiert" sind, und zwar nur weil ein Unternehmen ein Medikament zur Behandlung der Symptome entwickelt hat. Fibromyalgie ist das Paradebeispiel. Vor zwanzig Jahren wurde Frauen, die an Fibromyalgie oder chronischer Müdigkeit litten, noch rundheraus jedes reale Krankheitsbild abgesprochen. Mittlerweile gibt es ein verschreibungspflichtiges Medikament, das allerdings weit davon entfernt ist, die Ursache des Problems zu behandeln.

Fibromyalgie ist wie alle Krankheiten bis zu einem gewissen Grad ein gutes Beispiel dafür, wie Krankheit tatsächlich eine erlernte physiologische Reaktion auf bestimmte Stressoren ist. Wie Dr. Mario Martinez betont, handelt es sich bei den meisten Krankheiten um ein erlerntes Muster, das zunächst eine positive Funktion hat. Nehmen wir die Durchschlafstörungen, die bei Menschen mit chronischer Müdigkeit und Fibromyalgie so häufig sind.

Fehlender Tiefschlaf mit Deltawellen führt zu der weit verbreiteten zellulären Entzündung, zum Teil auch, weil Tiefschlaf für den Abbau von Stresshormonen unerlässlich ist. Martinez stellt deshalb die These auf, dass Hypervigilanz und die Angewohnheit des leichten Schlafs eine Strategie der Anpassung sein können, wenn man mit einer Bedrohung leben muss – etwa durch sexuellen oder körperlichen Missbrauch.

Später im Erwachsenenalter, wenn diese Kindheitsbedrohung nicht mehr relevant ist, sind die Stressreaktion des Körpers und die Auswirkungen auf das psychoneuroimmunologische System jedoch noch immer wirksam. Mit der Zeit werden so die Voraussetzungen für Fibromyalgie und chronische Müdigkeit geschaffen.

Anstatt sich nun mit der Ursache eines gestörten Immun- und Nervensystems zu beschäftigen, findet die moderne Medizin immer wieder neue Medikamente, die „off label" – das heißt für andere als die ursprünglich vorgesehenen Indikationen – verabreicht werden. Zumindest so lange, bis das Pharmaunternehmen eine Studie finanziert, die besagt, dass das Medikament als „Lückenbüßer" geeignet ist. So haben es (in den USA) Prozac und die anderen Serotonin-Wiederaufnahmehemmer als „Behandlung" für PMS und Wechseljahrsbeschwerden zur Berühmtheit gebracht. Und dass, obwohl sie abhängig machen und das eigentliche Problem – die hormonellen Auswirkungen von ständigem Stress auf das Immun-, Nerven- und Hormonsystem – nicht wirklich angehen.

Viele Menschen wissen aus dem Bauch heraus, dass die meisten chronischen Gesundheitsprobleme eine Folge von emotionalem und psychischem Stress in ihrem Leben sind. Doch allzu leicht klammern wir diese Erkenntnis aus, was auch mit unserer Kultur zu tun hat und dem Umstand, dass unser Gesundheitswesen nicht viel von der Einheit von Körper und Seele hält.

Genetischer Determinismus

Einer der größten Fälle von Fehlinformation in der Medizin ist die Vorstellung, dass die Gesundheit von den Genen bestimmt sei. Dass wir, egal was wir tun, sozusagen Opfer unserer Gene seien. Krankheiten sind „erblich" bedingt, da kann man nichts machen, jeder muss das Blatt spielen, was er oder sie zugeteilt bekommen hat. Aber das muss überhaupt nicht so sein.

Dr. Bruce Lipton, Entwicklungsbiologe und Autor des Buches *Intelligente Zellen* weist darauf hin, dass gerade einmal 10 Prozent aller körperlichen Vorgänge in irgendeiner Form genetisch bedingt oder erblich sind. Das bedeutet, dass die anderen 90 Prozent – einschließlich der Genexpression – umweltabhängig sind. Von diesem Umstand handelt denn auch die Wissenschaft der Epigenetik. Doch zur Umwelt gehören auch und vor allem Annahmen und Vorstellungen, die meisten davon unbewusst.

Dr. Mario Martinez, Gründer des Biocognitive Science Institute und Autor des Buches *The MindBody Code*, weist seinerseits darauf hin, dass viele tibetische Mönche Diabetes haben, was sich weder durch ihre Ernährung noch durch ihren Lebenswandel erklären lässt. Normalerweise essen die Mönche gesund. Okay, manche sind dick und viele ernähren sich stark kohlenhydratbetont. Aber Zucker ist nicht das Problem, und doch liegt die Diabetesrate ungewöhnlich hoch. Dr. Martinez und andere stellen in ihren Studien die These auf, dass die Ausprägung von Diabetes stark mit der Vorstellung von Vergebung und liebevoller Hinwendung verknüpft ist. Davon gleich mehr. Nach der Theorie der Biokognition hat das, was wir glauben, mehr Einfluss auf unsere Gesundheit als unsere Ernährung und andere Lebensstilfaktoren.

Ein gutes Beispiel für diesen Ansatz ist die Forschung von Dr. Becca Levy an der Yale School of Public Health. Sie hat in Ohio 660 Leute über 50 Jahre untersucht und herausgefunden, dass, wer positive Vorstellungen mit dem Älterwerden verband (und dies bereits seit Jugendzeiten), mehr als sieben Jahre zusätzliche Lebenszeit verbuchen konnte. Ja genau, allein schon die Vorstellung, dass Älterwerden auch positive Aspekte beinhaltet, hat eine lebensverlängernde Wirkung. Und dies galt selbst noch für Raucher, einsame Menschen, Übergewichtige, Menschen mit Bluthochdruck und Sportmuffel. Mit anderen Worten: Die Einstellung wog mehr als alle anderen Parameter, die wir gemeinhin mit Langlebigkeit in Verbindung bringen.

Dr. George Solomon, ein Pionier der Psychoneuroimmunologie, pflegte zu sagen, dass auch das Immunsystem eine Haltung habe. Es reagiert positiv bei berechtigem Ärger, etwa dann, wenn wir selbst oder jemand anderes ungerecht behandelt wird. Unser Immunsystem will nicht, dass wir uns „wegducken“ oder „schwierigen“ Gefühlen aus dem Weg gehen. Dies tut es, damit wir gesund bleiben.

Wut und Ärger sind schließlich eine angemessene Reaktion, wenn man schlecht behandelt wird. Sie zu unterdrücken stellt ein gesundheitliches Risiko dar.

Kommen wir nun wieder auf die tibetischen Mönche zurück (die ja in den Augen vieler Hochsensibler geradezu Vorbildcharakter haben). Nun haben die Tibeter insgesamt durch die Chinesen sehr viel Leid erfahren, ihre Kultur hat Schaden genommen. Die Chinesen haben vergewaltigt, Tempel geplündert und sie zerstört. Normalerweise sind Ärger und Wut eine natürliche Reaktion, doch die Mönche haben gelernt, diesen Ärger zu unterdrücken und ihren Feinden stattdessen Liebe zu senden. Im Körper kommt dies als folgendes Signal an: „Ich möchte keinen Ärger spüren. Ich stehe darüber.“ Ein anderer Aspekt bei den tibetischen Mönchen hat mit ihrer Kultur zu tun. In seinem wegweisenden Buch *Dialog mit dem Dalai Lama. Wie wir negative Emotionen überwinden können* bemerkt Daniel Goleman, dass es im Tibetischen kein Wort für Gefühle gibt. In dieser Welt sind Emotionen und Worte das Gleiche. Daher könnte man sagen, dass die Mönche kulturell nicht so versiert in der Sprache der Gefühle sind und darin, wie sich diese körperlich auswirken. Die Mönche lernen nun, jene mit freudvoller Aufmerksamkeit zu bedenken, über die sie eigentlich, um ihrer Gesundheit willen, verärgert sein sollten. Sie „überzuckern" ihren Ärger also buchstäblich. Mit Diabetes als Folge.

Dr. Martinez, der ebenfalls mit tibetischen Mönchen gearbeitet hat, verweist darauf, dass diese lernen, ihrem leiblichen Körper keine Beachtung zu schenken und sich ganz auf spirituelle Dinge zu konzentrieren, wie dem, die Buddhaschaft zu erlangen, in der der Körper keine Rolle spielt.

Doch wie kommt es, dass die liebevolle Aufmerksamkeit gegenüber Leuten, die einem übel mitgespielt haben – unter Verdrängung von Ärger und Wut – erst zu Stress und dann zu einer Erkrankung führt? Folgende biochemische Kaskade läuft im Körper ab: Der Körper kommt dem Wunsch nach ausschließlich liebevollen Gedanken dadurch nach, dass er große Mengen von Endorphinen ausschüttet (mit Morphium verwandt). Sie haben eine schmerzstillende Wirkung, die einen davor bewahrt, das zu fühlen, was man nicht fühlen will. Das Problem ist nur, dass dauerhaft hohe Endorphinspiegel den Zuckerstoffwechsel mit der Zeit negativ beeinflussen. Diabetes vom Typ 2 ist vorprogrammiert.

Ich kenne etliche hochsensible Menschen – solche, die Vampire geradezu magnetisch anziehen –, die ständig einen hohen Blutzuckerspiegel haben, und das obwohl sie sich geradezu vorbildlich ernähren. Allerdings überzuckern diese Menschen alles, was sie sagen und tun; sie scheinen quasi unfähig, Ärger wahrzunehmen und setzen stattdessen komplett auf Vergebung und Mitgefühl.

Gewichtszunahme inbegriffen

Eines der auffälligsten Dinge, die ich in den Beziehungen zwischen Vampiren und hochsensiblen Menschen beobachten konnte, ist der Gewichtsunterschied. Vampire können (fast) immer ein gesundes und attraktives Gewicht halten, und das quasi mühelos. Auf meine Klage hin, dass ich nur ganz schwer abnehme, meinte ein Vampir einmal zu mir: „Ich habe bloß ein paar Wochen keinen Nachtisch gegessen und zehn Pfund abgenommen." Damit wollte er natürlich sagen: Alles klar, dir fehlt es einfach an Disziplin. Aber nichts könnte weniger wahr sein, besonders was empathische Menschen mit alter Seele angeht. An Disziplin mangelt es uns nicht. Doch müssen wir vor allem lernen, uns energetisch abzugrenzen, nicht alles von anderen aufzunehmen und uns damit zu erschöpfen. Bis uns das gelingt, machen wir vor allem zweierlei: Wir setzen auf (1) Zucker, Kohlenhydrate und/oder Alkohol; und nehmen (2) an Gewicht zu, auch wenn wir auch noch so wenig Kohlenhydrate verspeisen.

Hocheinfühlsame Menschen neigen zur Gewichtszunahme, auch weil die Pfunde als „Schutz“ dienen. Die Gewichtsverteilung liegt fast immer in der Körpermitte – die gefürchtete „Apfelform“ mit überschüssigem Bauchfett, die einen Risikofaktor für Herz-Kreislauf-Erkrankungen und Diabetes darstellt.

Eine Gewichtsverteilung dieser Art schützt den Solarplexus, den Bereich des Körpers, der mit Selbstachtung und persönlicher Kraft verbunden ist. Solange Sie nicht lernen, wie Sie sich angemessen abgrenzen und mehr Selbstwertgefühl entwickeln, werden Sie höchstwahrscheinlich kein Normalgewicht erreichen.

Die Kraft unserer Gedanken und Vorstellungen

Schauen wir auf die Gesundheit einer Person, die einem Vampir als Nahrung dient, dann müssen wir unser Augenmerk auch auf ihre Vorstellungen richten. Vorstellungen, die sie von sich selbst, aber auch ihren Beziehungen hat.

Wie bereits erwähnt, haben diese ihren Ursprung in der Kindheit, zumal wenn jemand beschämt und im Stich gelassen wurde oder genötigt, seinen wahren Charakter zu verbergen. Sie müssen sich vorstellen, dass Abweisung und Schamgefühle einen schädlichen Botenstoff entstehen lassen, das entzündungsfördernde Zytokin IL-6 (Interleukin 6).

Der Zusammenhang zwischen nachteiligen Kindheitserfahrungen und der Entstehung von Krankheiten ist ein wachsendes Forschungsgebiet, in dem jedes Jahr neue Studien hinzukommen. In einer der größten – der weltberühmten Adverse Childhood Experiences Study (acestudy.org), die zunächst in einer Abnehmklinik bei der Organisation Kaiser Permanente begann – hat man festgestellt, dass es einen direkten Zusammenhang zwischen der Anzahl der negativen Kindheitserfahrungen (z.B. Scheidung der Eltern, psychisch kranker Elternteil, chronisch kranker Elternteil oder Missbrauch durch Eltern oder Verwandte) und der Häufigkeit gibt, in der eine Person die Notaufnahme aufsucht, Facharztbesuche macht oder vorzeitig verstirbt.

Unter den Menschen, die in der Kindheit und Jugend großen psychischen Belastungen ausgesetzt waren, gibt es eine erhöhte Anfälligkeit für Gefäßerkrankungen, Autoimmunerkrankungen und verfrühtes Ableben. All dies zeigt sich jedoch erst, wenn ein Mensch älter wird. Forscher vermuten, dass Stress im Kindesalter durch epigenetische Marker an Zellen des Immunsystems „geheftet" werden, welche als Makrophagen (Fresszellen) bezeichnet werden. (Epigenetisch bedeutet in diesem Zusammenhang, wie die Umwelt auf die Genexprimierung Einfluss nimmt.)

Zellen werden dann mit proinflammatorischen, also entzündungsfördernden Eigenschaften ausgestattet, die sich als übertriebene Zytokinreaktionen auf Herausforderungen und eine verminderte Empfindlichkeit gegenüber hemmenden hormonellen Signalen niederschlagen. In der Zusammenfassung der Studie, die 2011 im *Psychological Bulletin* veröffentlicht wurde, heißt es: „Das Modell schlägt vor, dass diese proinflammatorischen, also entzündungsfördernden Tendenzen im Laufe des Lebens durch Verhaltensausprägungen und hormonelle Fehlsteuerung noch verschärft werden, die ihrerseits durch die Stresssituationen in der Kindheit hervorgerufen werden."

Im realen Leben bedeutet das, dass der Stress in der Kindheit später – bei anfälligen Menschen – zu einer übermäßigen Wachsamkeit führen kann (dem permanenten Gefühl, dass Schlimmstes bevorstehe, oder dass man nichts taugt und alles Übel anzieht), zu einem Misstrauen gegenüber anderen, zu schlechten sozialen Beziehungen, einer verminderten Selbststeuerung und ungesunden Lebensgewohnheiten. Hormonell gesehen kann frühzeitiger Stress auch zu veränderten Abläufen der Hormon- und Nervensystemregulation führen. Das bedeutet zusammengefasst, dass nachteilige Ereignisse in der Kindheit ein entzündungsförderndes Milieu sowohl innerhalb als auch außerhalb des Körpers befördern! Und dies führt zu körperlichen Erkrankungen, solange an den alten Mustern nichts geändert wird.

Interessant ist, dass, so geht es aus Sandra Browns Untersuchungen hervor, 75 Prozent der Frauen, die eine Vampirbeziehung hinter sich haben, aus ganz normalen Familien stammen und keine Anzeichen einer Vernachlässigung oder Missbrauch aufweisen. Allerdings möchte ich wetten, dass, wenn man ein wenig nachbohrt, feststellen wird, dass diese Frauen mit Supereigenschaften alle irgendeinen Knacks haben, was ihr Selbstwertgefühl angeht, entweder aus ihrer Kindheit oder einem früheren Leben.

Es gibt Hinweise darauf, dass Kindheitserfahrungen, geprägt von hohem Erwartungsdruck bei gleichzeitiger Verleugnung der eigenen Persönlichkeit, zu einem Hauptrisikofaktor für Immunstörungen, z.B. Autoimmunerkrankungen, gehören. Dr. Gabor Maté, Allgemeinmediziner und Experte für Stress und Entwicklungspsychologie, hat beobachtet, dass alle seine Patienten mit emotionaler Repression als kindlichem Bewältigungsstil zu kämpfen hatten. Darüber hinaus konnte niemand seiner Patienten die folgende Frage positiv beantworten: „Wenn Sie als Kind traurig, ärgerlich oder wütend waren, gab es jemanden, mit dem Sie reden konnten – selbst wenn diese Person ihre negativen Gefühle zunächst ausgelöst hatte?" In seinem Opus magnum *When the Body Says No* zitiert Maté eine Studie nach der anderen, die die Wirkung bestimmter Stressoren auf die Immunität eindrucksvoll belegt.

Zum Beispiel zeigte eine Studie, die afroamerikanische Männer mit nigerianischen Männern verglich, dass sechsmal so viele afroamerikanische Männer Prostatakrebs bekommen wie afrikanische, obwohl beide Gruppen gleich viel potenziell bösartige Zellen in ihren Vorsteherdrüsen aufweisen. Gleiche Gene, gänzlich andere Umgebung. Bestimmte Forscher, einschließlich Maté und Dr. Lawrence LeShan, stellen die These auf, dass diejenigen, die sich ständig verbiegen müssen, um anderen zu gefallen, oder ihre emotionalen Bedürfnisse unterdrücken, um anderen entgegenzukommen, besonders gefährdet sind, immunulogische Probleme zu bekommen. Dazu zählen die Hashimoto-Thyreoiditis, Fibromyalgie, chronische Erschöpfung und andere mehr.

Der Grund dafür ist, dass das Immunsystem unsere Vorstellungen im Grunde bestätigt, etwas, was ich oben schon angedeutet habe. Finden Sie sich selbst wertvoll und liebenswert, wird Ihr Immunsystem das bestätigen. Sind Sie dagegen niedergeschlagen und fühlen sich wertlos, sind Sie grundsätzlich anfälliger, auch für die Erkältung. Eine faszinierende Studie der Universität Pittsburgh, bei der Freiwillige mit Erkältungsviren besprüht wurden, hat ergeben, dass diejenigen, die am ehesten krank werden, die dünnsten sozialen Netzwerke und Unterstützungssysteme hatten. Andererseits waren diejenigen, die in vier oder mehr verschiedenen sozialen Gruppen eingebunden und regelmäßig in Kontakt waren, weitaus seltener krank, obwohl alle den Erregern in gleichem Maße ausgesetzt waren.

Dr. Bruce Lipton, Pionier der Epigenetik und Autor von *Intelligente Zellen*, weist in seiner Arbeit darauf hin, dass die Zellmembran das eigentliche Gehirn der Zelle ist. Zellmembranen jedoch sind so eng miteinander verbunden, dass ein einziger Gedanke blitzschnell durch den Körper fährt. Dabei verändern sich die Zellen entsprechend der Qualität unserer Gedanken.

Nehmen wir also an, dass wir unwürdig oder nicht wertvoll sind, dann reichert sich unser Leben in gewisser Weise mit chronischer Selbstverleugnung an. Das kann uns schließlich unter die Fuchtel eines Energievampirs führen, der oder die uns für die untergeordnete Rolle auserkoren hat. In der Folge fühlen wir uns macht- und hilflos, und früher oder später werden wir krank.

Unzählige Studien haben bislang die Einheit von Körper und Geist bestätigt, obwohl die Schulmedizin immer noch auf einer künstlichen Spaltung zwischen beiden beharrt. Mit ihrem Ansatz von „Pillen und Rausschneiden", was bei akuten Verletzungen auch sinnvoll ist, macht uns die herkömmliche Medizin glauben, dass Pech, schlechte Gene oder falsche Medikamente unsere Gesundheit bestimmen. In Wahrheit jedoch ist unser Gesundheitszustand sehr stark mit unseren Grundüberzeugungen verbunden. Unsere Emotionen leiten sich unmittelbar von der Qualität unserer Gedanken ab.

Wie ich schon sagte, sind wir uns etwa 90 Prozent unserer Annahmen und Vorstellungen nicht einmal bewusst, und davon sind auch noch die meisten negativ.

Doch unser Bewusstsein ist der Ort, an dem unsere Hoffnungen und Träume wohnen. Zu unserer Aufgabe als hocheinfühlsame Menschen, die wirklich etwas bewirken wollen, gehört deshalb, an unserer Einstellung zu arbeiten. Dazu gehört auch, das Unverstandene und Unbewusste ganz zuzulassen, es vollständig zu benennen und zu erlösen.

TEIL II

Von der Dunkelheit ins Licht

V. KAPITEL

Wie Sie Ihren persönlichen Vampir erkennen

Nun, da Sie die Dynamik der Beziehung zwischen Vampir und einer empathischen Persönlichkeit samt ihrer Kollateralschäden verstanden haben, kommen wir zum angenehmen Teil. Welche Lösungen gibt es und wie gehen wir vor? Der erste Schritt wird sein, einen Vampir zu erkennen. Dadurch werden Sie die Menschen in Ihrem Leben erst einmal so sehen, wie sie wirklich sind. Auch werden Sie schneller reagieren, bevor Sie sich in einer Beziehung zu ihm oder ihr wiederfinden. Also wollen wir uns etwas eingehender mit vampirischen Eigenschaften befassen. Was macht einen Vampir aus und woran erkennt man seine oder ihre manipulative Taktik, bevor man sich darin verstrickt hat?

Persönlichkeitsstörungen bei Vampiren

Es ist gerade einmal 25 Jahre her, dass Energievampire überhaupt von der Psychologie als Problem erkannt worden sind. Das ist auch mit der Grund dafür, warum sie so lange ihr manipulatives Werk in Familie oder Gesellschaft verrichten konnten. Doch Obacht: Energievampire sind oft charmant und haben Ausstrahlung. Oft kann man die Augen nicht von ihnen abwenden (bis man begreift, wer sie wirklich sind). Und sie wissen nur zu genau, was sie jemandem sagen müssen und wann der richtige Zeitpunkt dafür ist. Auch sind sie Meister darin, andere dazu zu bringen, ihr Bestes zu geben.

Selbst mein Freund Bob Palumbo, ein promovierter Psychologe mit 35-jähriger Berufserfahrung, weiß, dass sie so charmant sein können, dass sogar er mit seiner Erfahrung und seinem Wissen noch darauf hereinfällt. Gut, dass wir nun Bescheid wissen.

Vampirverhalten fällt unter die verschiedenen Kategorien, das sind unter anderem Soziopathen, Psychopathen, Narzissten, Borderline-Persönlichkeiten oder Menschen mit asozialem Verhalten. All diese Persönlichkeitstypen lassen sich unter dem Oberbegriff Cluster B zusammenfassen. Das US-amerikanische Diagnosehandbuch (Diagnostisches und Statistisches Manual Psychischer Störungen DSM-5), herausgegeben von der Amerikanischen Psychiatrie-Vereinigung, stellt fest, dass Cluster-B-Persönlichkeiten durch theatralisches, übermäßig emotionales oder unvorhersehbares Denken oder Verhalten gekennzeichnet sind. Diese Bezeichnung umfasst antisoziales Verhalten (Soziopathie), Borderline-Persönlichkeitsstörung, histrionische Persönlichkeitsstörung und NPS (narzisstische Persönlichkeitsstörung).

Zu den antisozialen Persönlichkeiten gehören Lügner und Betrüger; diese geraten immer wieder mit dem Gesetz in Konflikt, wobei sie sowohl ihre eigene Sicherheit als auch die anderer missachten. Auch verletzen sie wiederholt die Rechte anderer. Dabei übernehmen sie keine Verantwortung für ihr Handeln und sind oft aggressiv, impulsiv und sogar gewalttätig.

Menschen mit Borderline-Persönlichkeitsstörung legen ein impulsives und risikofreudiges Verhalten an den Tag, etwa ungeschützter Sex, Glücksspiel oder Trunksucht und Völlerei. Gleichzeitig können sie sehr einnehmend und gewinnend sein. Dabei schrecken sie vor Selbstverletzung nicht zurück oder sagen, dass sie Selbstmord begehen werden, besonders wenn man ihnen nicht gibt, was sie wollen. Weit mehr Frauen als Männer gelten als Borderliner. Sie arbeiten mit etwas, was sich intermittierende Verstärkung nennt – und nur schwer zu durchschauen ist. Manchmal sind sie für einen da, manchmal jedoch nicht. Diese Unregelmäßigkeit kann einen verrückt machen. Widersprüchlichkeit ist verrückt und macht einen verrückt. Aufrichtige Männer, die eine Beziehung zu einer Borderline-Frau hatten, enden oft wie eine leere Hülle – frau hatte ihnen alle Lebensenergie ausgesaugt.

Einer meiner Kolleginnen erzählte mir kürzlich, dass ihre Mutter ihr als Kind oft damit gedroht hat, sich umzubringen, wenn sie ihr nicht gehorchte oder sie irgendwie enttäuschte. Stellen Sie sich vor, was das mit einem Kind macht. Das Gefühl, mit dem eigenen Verhalten über Leben und Tod der Mutter entscheiden zu können. Wie oft haben Sie schon den Satz „Mach das bitte nicht, es würde deine Mutter umbringen" gehört? Das ist grenzwertiges Borderline-Verhalten.

Bei uns in der Klinik werden die heftigeren Borderliner in der Psychiatrie „Vielflieger" genannt – manche von ihnen kommen mehr als 200 Mal pro Jahr in die Notaufnahme und sagen, sie wollten sich umbringen. Sind sie erst einmal aufgenommen, verlangen sie besondere Aufmerksamkeit und Extraessen.

Borderliner sind Meister der „Spaltung", in dem sie eine Person gegen eine andere ausspielen. Immer wieder werden sie von einem Gefühl der Leere erfasst. (Ich hatte mit Borderline-Patienten zu tun, die Jahr um Jahr schwanger wurden, weil sie sich nach der Geburt des Babys „leer" fühlten.) Im Buddhismus wird so eine Persönlichkeit als „hungriger Geist" bezeichnet, was bedeutet, dass sie kein inneres Selbstgefühl besitzt. Diese Menschen haben einen Abgrund im Inneren, der nicht gefüllt werden kann, ganz gleich, wie sehr man sie liebt und für sie da ist. Auch haben sie oft starke Wutausbrüche und sind sehr manipulativ.

Auch Personen mit histrionischer Persönlichkeitsstörung suchen ständig Aufmerksamkeit. Diese Menschen sind oft übermäßig emotional, theatralisch oder sexuell provozierend. Ihre Rede ist dramatisch, sie sind meinungsstark, können aber nichts mit Fakten belegen. Sie sind leicht beeinflussbar und von Stimmungen geprägt. Sie sorgen sich exzessiv um ihr Äußeres und halten ihre Beziehungen für enger, als sie es sind.

Vampire mit narzisstischer Persönlichkeitsstörung hegen Fantasien von Macht, Erfolg und Attraktivität. Sie sehnen sich nach Ruhm und Anerkennung, wobei sie die Bedürfnisse und Gefühle anderer ignorieren. Oft fühlen sie sich anderen überlegen und handeln selbstgerecht. Oftmals übertreiben sie ihre Leistungen und Talente. Ich hatte einmal eine Bekannte, deren Lebenslauf besagt, dass sie die Kunstschule mit einem MFA (Master of Fine Arts) abgeschlossen hat. Nun wusste ich zufällig, dass sie in ihrem zweiten Studienjahr aus dem Studiengang ausgeschieden war. Als ich sie darauf ansprach, sagte sie: „Nun, gefühlt habe ich den Abschluss." Häh? Das wäre so, als würde ich sagen: „Nun, gefühlt habe ich Betriebswirtschaft studiert und einen Doktor gemacht."

Narzissten brauchen ständig Lob und Bewunderung, oft sind sie arrogant und glauben, etwas Besonderes zu sein. Häufig sind sie unheimlich attraktiv und bekommen – gerade in jungen Jahren – überall so eine Art Flatrate-zum-Nulltarif-Behandlung. (Es heißt, dass Narzissten nicht gut altern.) Ihre Erwartungshaltung in puncto Gefälligkeiten und Bevorzugung ist hoch, auch suchen sie ihren Vorteil gegenüber anderen. Diese fühlen sich oft in der Gegenwart eines Narzissten geschmeichelt – zumindest anfänglich. Tatsächlich können Narzissten ziemlich neidisch sein oder sie glauben, dass andere sie beneiden bzw. tun das selbst. Manche sind regelrecht geizig und halten die Haushaltskasse fest verschlossen. Andere trennen sich ungern von alten oder abgetragenen Sachen. Auch bei Wertvorstellungen lässt sich eine gewisse Inflexibilität âbeobachten.

Interessant ist, dass das Verhältnis von männlichen zu weiblichen Vampiren bei 4:1 liegt. Ganze 20 Prozent aller Menschen (Männer und Frauen) haben demnach Vampircharakter oder sind vollumfängliche Cluster-B-Persönlichkeiten. Das ist immerhin einer von fünf, von denen sich jede/r wiederum nachteilig auf mindestens fünf andere Menschen auswirkt. Allein in den USA macht das 60 Millionen Menschen. In ihrem Buch ***Der Soziopath von nebenan*** schreibt die Psychologin Martha Stout: „Einer von 25 normalen Amerikanern hat insgeheim kein Gewissen und kann alles machen, ohne sich schuldig zu fühlen." Das sind 100 000 Psychopathen allein in New York.

Robert D. Hare, bereits erwähnter Autor von ***Psychopathen unter uns,*** arbeitete jahrzehntelang in der Strafjustiz und forensischen Psychatrie. Er hat Dutzende Fachartikel zu diesem Thema veröffentlicht. Über viele Jahre haben er und seine Kollegen ein sehr zuverlässiges diagnostisches Instrument entwickelt, die *Hare Psychopathy Checklist – Revised (PCL-R)*. Dabei handelt es sich um einen weltweit eingesetzten Diagnostikleitfaden für Klinik und Forschung, mit dessen Hilfe sich recht zuverlässig waschechte Psychopathen von Leuten unterscheiden lassen, die lediglich gegen die Regeln verstoßen.

Hare macht deutlich, dass die meisten Kriminellen keine Psychopathen sind, wohl aber viele, die in einer gesetzlichen Grauzone operieren, dabei jedoch nicht straffällig werden. Ein großer Teil von Hares langjähriger Arbeit war dem Versuch gewidmet, sie näher zu beschreiben. Dazu schreibt er in *Psychopathen unter uns:* „Erkennen wir sie nicht, sind wir dazu verdammt, ihr Opfer zu sein, sowohl auf individueller wie auch auf gesellschaftlicher Ebene." Dann zitiert er das Standardbeispiel des verurteilten Mörders, der, auf Bewährung freigelassen, sofort wieder einen Mord begeht. Da fragt sich die Gesellschaft zu Recht: „Warum wurde so jemand freigelassen?" In Beantwortung dieser Frage schreibt Hare: „Aus Ratlosigkeit würde sicherlich berechtigte Empörung, wenn die Leute wüssten, dass der Täter ein Psychopath war, von dem klar war, dass er rückfällig werden würde. Dazu hätten allerdings die Behörden – Bewährungsausschuss eingeschlossen – ihre Hausaufgaben machen müssen."

Bei vielen Psychopathen handelt es sich jedoch um Leute mit weißer Weste. Diese betrügen die Öffentlichkeit um Millionen und kommen selbst als Verurteilte oft ungeschoren davon. Dr. Paul Babiak und Robert Hare beschreiben dies sehr anschaulich in ihrem Buch *Menschenschinder oder Manager. Psychopathen bei der Arbeit*. Wirtschaftspsychopathen sind die Art von brillanten Überfliegern, die die Lebensersparnisse und Rentenpläne Tausender an sich bringen, so wie die CEOs von Enron, einem Unternehmen, das, obwohl börslich milliardenschwer, über Nacht pleiteging. Ein Unternehmen im Übrigen, das seine Mitarbeiter ermutigt hatte, Rentensparpläne in Firmenaktien anzulegen, als die großen Bosse ihre Anteile bereits verkauft und einen Millionengewinn eingestrichen hatten, bevor schließlich alles auseinanderfiel. Wollen Sie wissen, wie das live und in Farbe aussieht? Dann schauen Sie Alex Gibneys Dokumentarfilm von 2005 *Enron: The Smartest Guys in the Room* an. Absolut faszinierend. Psychopathie in Aktion.

Ob Cluster-B-Vampir oder ein echter Psychopath ist im Grunde egal. Beide sind ein Problem für die Allgemeinheit, auch wenn dies bislang weder gesellschaftlich noch psychologisch ausreichend gewürdigt wurde.

Sie müssen sich vorstellen, dass wir es hier genau wie beim Autismus mit einem Kontinuum zu tun haben. Auf der Autismus-Skala gibt es Leute, die ein kleines Asperger-Syndrom haben und trotzdem ein erfülltes und selbstbestimmtes Leben führen. Am anderen Ende stehen Menschen, die so behindert sind, dass sie nicht ohne Vollzeitpflege leben können. Genauso gibt es Leute mit narzisstischen Zügen, mit denen es sich leben lässt, hat man das Verhalten erst einmal verstanden. Hier lassen sich Energieräuber zuordnen. Sie bilden das untere Ende des Spektrums. Doch je weiter Sie auf der Skala nach oben kommen, desto eher gelangen Sie an die richtigen Vampire – die ausgesprochenen Psychopathen. Die Cluster-B-Klassifizierung ist hier mehr als angebracht, da sich die einzelnen damit verbundenen Persönlichkeitszüge stark überlappen.

Verschwenden Sie nun aber keine Zeit mit der Feindiagnose. Das bringt gar nichts. Wenn Sie momentan mit einem Energievampir zusammen sind, höre ich Sie schon fast sagen: „Aber er meint es ja nicht so, aber er hatte nun mal eine schwierige Kindheit." Erstens stimmt das nicht immer. Und selbst wenn es so wäre, werden aus den meisten Menschen, die in schwierigen Situationen aufwachsen, noch lange keine Energieräuber. Der Vampir weiß genau, wie man die Mitleidskarte ausspielt, um eine hochempathische Persönlichkeit bei der Stange zu halten. Wie ich bereits erwähnt habe, neigt die empfindsame Persönlichkeit dazu, Entschuldigungen für das Verhalten eines Vampirs zu finden. Doch müssen Sie sich Folgendes klarmachen: Was allen Vampiren gemeinsam ist, ist eine verdeckte Aggression und eine Manipulation zum persönlichen Vorteil. Sie kämpfen um die Oberhand. Punkt. Ende der Durchsage.

Das ist angeboren

Sigmund Freud, der Vater der modernen Psychotherapie, hat die These aufgestellt, dass die Probleme, mit denen wir es beim Cluster B zu tun haben, auf ein unverarbeitetes Kindheitstrauma zurückzuführen sind. Aber das ist einfach nicht wahr. Moderne Gehirn-Scan-Verfahren deuten darauf hin, dass viele Menschen einfach so geboren werden.

In einer Studie, die in einer Ausgabe des *Journal of Psychiatric Research* 2013 veröffentlicht wurde, untersuchte ein deutsches Forscherteam mit moderner Bildgebung die Gehirne von 34 Freiwilligen. Die Hälfte von ihnen hatte eine narzisstische Persönlichkeitsstörung (NPS). Dabei wurde die Großhirnrinde untersucht, die äußerste Schicht des Gehirns, die wir mit den „höheren" sozialen Bereichen beim Menschen verbinden. In der Großhirnrinde werden Selbstwahrnehmung, Selbstbestimmung und Selbstkontrolle reguliert. Ein bestimmter Teil der Großhirnrinde wird auch mit der Empathie assoziiert – also der Fähigkeit, uns sowohl emotional als auch verstandesmäßig in andere hineinzuversetzen. Bei den Probanden mit NPS unterschied sich dieser Teil des Kortex von den Probanden mit normalem Einfühlungsvermögen.

Im Vergleich zu Menschen, die nicht von der NPS betroffen sind, weisen Menschen mit NPS in der Region der Empathie eine ungewöhnlich dünne Großhirnrinde auf. Interessanterweise fanden die Autoren auch heraus, dass der Grad der „fehlenden" Empathie dem Grad der Dünne in dieser Region des Kortex entspricht.

Untersuchungen mit funktioneller MRT-Bildgebung, 2013 in *Frontiers in Neuroscience* veröffentlicht, zeigen ebenfalls deutliche Anomalien bei Psychopathen in einer Reihe von Hirnarealen, die gemeinhin mit Empathie und der Fähigkeit, für das Wohlbefinden anderer zu sorgen, verbunden sind. In einer weiteren fMRI-Studie zur affektiven Perspektivnahme von Menschen mit Psychopathie – hier sollte man sich vorstellen, dass andere Schmerzen erleiden – wurde deutlich, dass Psychopathen keine Empathie empfinden.

In einer 2010 in der Fachzeitschrift *PLOS ONE* veröffentlichten Studie hat wiederum ein Forscherteam der Universität

Southern California moderne Bildgebungsverfahren eingesetzt, um die Gehirnaktivitäten einer Gruppe Freiwilliger im Rahmen spezifischer Tests sowie in einer Ruhephase zu untersuchen. Obwohl keiner der Probanden eine NPS-Diagnose hatte und auch sonst psychisch vollkommen normal war, ließen sich durch Standard-Persönlichkeitstests unterschiedliche hohe Ausprägungen narzisstischer Persönlichkeitsmerkmale feststellen. In der nochmaligen Überprüfung der Untersuchungsergebnisse im Hirnscan fanden die Autoren heraus, dass narzisstische Züge mit ungewöhnlichen Aktivitätsniveaus in jener Hirnregion verbunden sind, die mit selbstsüchtigem Denken assoziiert ist. Auch fand man eine verminderte Aktivität in dem Teil der Großhirnrinde, der mit Impulskontrolle verbunden ist, was bei Menschen mit verstärkten narzisstischen Eigenschaften zu einer tendenziellen Verschlechterung der Entscheidungsfindung führt.

Auch wenn ein Vampir womöglich ein Kindheitstrauma erlitten haben mag, erklärt dieses noch nicht den Mangel an Mitgefühl und die Rücksichtslosigkeit. Die meisten Menschen, die traumatischen Verhältnissen entstammen, haben sehr wohl ein Gewissen und verhalten sich charakterlich einwandfrei. Sie können richtig und falsch durchaus unterscheiden. Umgekehrt gibt es Vampire, die in einer liebevollen Umgebung aufgewachsen sind und doch manipulieren, um zu bekommen, was sie wollen. Kürzlich erschien in der Zeitschrift *The Atlantic* ein Artikel mit dem Titel „Wenn Ihr Kind ein Psychopath ist". Darin wurde unter anderem ein 11-jähriges Mädchen vorgestellt, das von seiner liebevollen Familie zusammen mit sechs anderen Geschwistern aufgezogen wurde. Schon mit sechs hatte sie Mordfantasien, malte Waffen und übte schon mal mit ihren Stofftieren. Bald schon versuchte sie, ihren kleinen Bruder zu erwürgen. Sie ist jemand, der später einmal weder Mitgefühl noch Gewissen haben wird.

In Fällen wie diesem entwickelt sich einfach kein Gewissen, wie es das ab dem Alter von etwa drei Jahren eigentlich tun sollte. Eine meiner Freundinnen machte mit sieben eine schlimme Erfahrung. Ihr Bruder, damals neun Jahre alt, schloss sie in einem Schuppen in der Nähe ihres Zuhauses ein und sah dann zu, wie seine Freunde, die er eigens zu diesem Anlass zusammengetrommelt hatte, sie vergewaltigten. Die Mutter der beiden, besorgt darüber, was die Nachbarn denken mochten, hielt sich aus allem heraus und wollte den Bruder auch nicht bestrafen. Dadurch entstand bei meiner Freundin eine tiefe Verletzung, an deren Heilung sie ihr ganzes Leben lang gearbeitet hat.

Leider dient in der traditionellen Psychotherapie ein Kindheitstrauma oft als Entschuldigung. Das hört sich dann so an: „Er ist nun mal so, weil seine Mutter Alkoholikerin war und er seinen Schmerz verdrängt." Dr. George Simon, Autor von *Wölfe im Schafspelz* und Dr. Sandra L. Brown, Autorin von *Women Who Love Psychopaths*, legen beide überzeugend dar, dass dies definitiv nicht der Fall ist. Simon führt zudem Belege an, dass wahre psychologische Verleugnung etwas sehr Seltenes ist, und vor allem als Schutz vor extremen emotionalen Traumen dient. Hier ein Beispiel, das auf Dr. Simons Arbeit basiert. Stellen Sie sich vor, dass Sie und Ihr Gatte, den Sie seit 40 Jahren lieben, spazieren gehen und einen wunderbaren Tag erleben. Sie sind beide bei bester Gesundheit. Doch da kollabiert Ihr Mann plötzlich nach einem Schlaganfall und wird ins Krankenhaus gebracht, wo er lebensrettende Maßnahmen erhält. Sie erleben in kürzester Zeit, wie aus der Liebe Ihres Lebens jemand wird, der wiederbelebt werden muss. Später teilen Ihnen die Ärzte mit, dass die Schädigung seines Gehirns durch den Schlaganfall so schwerwiegend ist, dass er quasi hirntot ist und wohl nie wieder aufwachen wird, geschweige denn wieder von allein atmen kann. Die Ungeheuerlichkeit und Plötzlichkeit dieses Verlustes ist so groß, dass Sie aus Selbstschutz in die Verleugnung gehen. Sie sitzen bei Ihrem Mann, halten seine Hand und reden mit ihm, auch wenn das medizinische Personal Ihnen klarzumachen versucht, dass er Sie nicht hören kann. Das ist Verleugnung. Ein vollkommen vernünftiger psychologischer Verteidigungsmechanismus angesichts einer solchen Situation.

Nehmen wir nun den Fall eines aggressiven Schülers, der andere Schüler auf den Fluren immer wieder von hinten schubst, woraufhin diese ihre Bücher fallen lassen. Der Hausmeister stellt ihn zur Rede, doch der Schüler schaut sich um und erwidert: „Hey, is was? Ich hab' nix gemacht." Ist dieser Rüpel im Zustand der Verleugnung? Auf keinen Fall. Er weiß genau, was er getan hat. Und doch macht er einfach weiter, weil er die Erregung sucht und seine Empathie-Schaltkreise hirnseitig nicht sehr stark entwickelt sind. Macht man ihm jedoch klar, dass er mit diesem Verhalten nicht durchkommt, wird dieses ausgemerzt. Solange er jedoch davon ausgehen kann, dass immer jemand meint, dass er ja so traumatisiert ist und nichts dafürkann, warum also aufhören? Er macht einfach weiter – ohne dass es Konsequenzen hat. Und alles nur, weil so viele wohlmeinende Mitmenschen glauben, dass er einfach mehr Liebe und Verständnis braucht.

Oder was ist mit dem Ehemann, der seine Frau gegen eine Wand schubst oder sie schlägt? Er entschuldigt sein Verhalten damit, dass er sagt: „Sie hat ständig an mir herumgemeckert, und da bin ich ausgerastet. Ich hab's nicht mehr ausgehalten." Der Täter weiß sehr wohl, dass das, was er getan hat, falsch war. Aber um die Konsequenzen zu vermeiden, weist er die Schuld von sich. Sie allein hat ihn dazu gebracht. Doch das ergibt keinen Sinn, denn sie war schließlich nicht in seinem Hirn, um dort den motorischen Kortex mit seinen Armmuskeln zu verbinden.

In seinem Buch *Character Disturbance: The Phenomenon of Our Age* beschreibt George Simon, wie manipulative Charaktere vorgehen und wie die Gesellschaft sie noch darin bestärkt. Dabei weist er auch auf die vielen missverständlichen psychologischen Begriffe hin, mit denen alle Beteiligten herumdoktern und die das Ganze noch befördern: *Ausagieren* ist demnach letztlich nichts anderes als Ärger machen, *Verleugnung* nichts anderes als lügen. *Defensiv* sollte durch **kämpferisch** oder **aggressiv** ersetzt werden. Und was einfühlsame Menschen *Scham* nennen, ist eigentlich das Unbehagen eines Vampirs im Moment seines Entdecktwerdens. In Wahrheit könnten diese Charaktere ein wenig gesunde Scham gebrauchen – so wie man sich eben für sein Verhalten schämt –, was sie aber natürlich nicht tun. Was wir *passiv aggressiv* nennen, ist in Wirklichkeit eine *verdeckte Aggression*. Co-Abhängigkeit sollte durch *Abhängigkeit* oder *Missbrauch* ersetzt werden. Was wir *Hilfe* nennen, sollte durch das ersetzt werden, was sie wirklich ist: befördern oder ermächtigen.

Unterstützende Therapie, Liebe und Einfühlungsvermögen helfen diesen Leuten nicht. Kein bisschen. Tatsächlich macht es die Sache noch schlimmer. Wer glaubt, dass sich mit Liebe und Fürsorge alles heilen lässt, sollte daran denken, dass sogar Heilige wie der berühmte Padre Pio in Italien sich manchmal weigerten, unwürdigen Bittstellern die Messe zu lesen.

Ich ahne, was Sie nun denken: *Aber was ist mit Neuroplastizität? Können diese Menschen sich nicht doch ändern?*

Wir alle wissen, dass sich das Gehirn mit der Zeit verändern *kann*. Schließlich haben neuere Studien zur Neuroplastizität – der Fähigkeit des Gehirns, sich zu verändern – gezeigt, dass sich durch das Lernen neuer Dinge Größe und Anzahl der grauen Zellen in unserem Hippocampus zunehmen, dem Bereich des Gehirns, der mit dem Gedächtnis verbunden ist. Bei Frauen in ihren Siebzigern, die immer wieder Neues ausprobieren – wie tanzen, neue körperliche Aktivitäten ausüben oder eine Fremdsprache lernen – ist das Gehirn fast so wendig wie das von 20-Jährigen.

Neuroplastizität und Veränderung hängen jedoch in erster Linie von einem Faktor ab: der *Bereitschaft*. Sie werden *niemals* nachhaltige und positive Veränderungen in Ihrem Gehirn hinbekommen, wenn Sie nicht bereit sind, etwas zu verändern. Eine Cluster-B-Persönlichkeit muss sich ändern *wollen*. Doch die Chancen dafür tendieren gehen null. Okay, gut, das ist theoretisch möglich, aber eben äußerst, höchst, extrem und vollkommen selten.

Denken Sie daran, ihr Verhalten ist angeboren. So wie Sie sich nicht dafür entschieden haben, als hochsensibler Mensch auf die Welt zu kommen, haben Cluster-B-Menschen sich auch nicht für ihre Persönlichkeit entschieden. Es geht hier also weder darum, Leute als böse zu verurteilen, noch sie zu ändern. Worum es geht, ist, ihnen auszuweichen oder, sollte das nicht möglich sein, gesunde Grenzen aufzuzeigen und sich selbst zu schützen.

Einem Vampir auf die Spur kommen

Der erste Schritt dabei, sich in Sicherheit zu bringen, liegt im Erkennen des Problems. Deshalb hier die Grundmerkmale aller Energievampire. Und immer daran denken, es gibt ein Kontinuum. Manche Leute sind in der Wolle gefärbte Vampire, andere haben lediglich gewisse vampirische Eigenschaften. Allen gemein ist jedoch, dass sie manipulieren, um zu bekommen, was sie wollen.

Dabei sind sie oft charmant, gut aussehend, charismatisch und kontaktfreudig, haben einen hypnotisierenden Blick, der einen in das, was sie sagen, tief hineinzieht. Vielleicht haben sie sogar hohe Posten in der Regierung, der Wirtschaft, der Kirche, dem Militär oder dem Gesundheitswesen. Denken Sie an einen Vorstandsvorsitzenden eines Global Players oder eine prominente Persönlichkeit aus der Politik.

Charismatische Vampire haben oft Anhänger um sich, die an ihren Lippen hängen, genau wie in der Gurusituation, die ich im vorherigen x erwähnt habe. Die Anhänger tun alles für sie, ganz so wie die fliegenden Affen in *Der Zauberer von Oz*. Wenn Sie kapiert haben, wie der Hase läuft und den Vampir oder die Vampirin zur Rede stellen, was sein oder ihr Verhalten angeht, dann werden die Unterlinge Sie angreifen. Sie wiederum geraten in eine Verteidigungshaltung und versuchen, Ihre Sicht der Dinge zu erklären. (Das funktioniert übrigens nie. Arbeiten Sie deshalb nur an sich.)

Vampire machen sich auch nichts aus richtig oder falsch. Ein guter Charakter zeigt sich, wenn jemand unbeobachtet ist. Vampire jedoch begehen gerade dann ihre größten Schandtaten, wenn keiner guckt. Sobald die Kameras laufen, werden sie zum Vorzeigebürger – ganz so wie ein Politiker, der vor der Kamera Krokodilstränen verdrückt, sich aber sofort die Taschen mit Steuerzahlergeld vollstopft, sobald die Kamera abgeschaltet ist.

Gut auszusehen ist für einen Vampir ganz wichtig. Hier eine etwaige Schwäche zur Sprache zu bringen oder einen Verbesserungsvorschlag zu machen, wird entweder mit eisigem Schweigen oder blanker Wut quittiert. Das Selbstwertgefühl von Vampiren leitet sich zumeist von äußeren Errungenschaften ab: wie sie aussehen, in welchem Haus sie leben, welches Auto sie fahren. Tatsächlich können Vampire krankhafte Lügner sein, was aber oft von der Gesellschaft verziehen wird, weil sie sich so gut aufs Manipulieren verstehen. Dann verharmlosen sie („So fest habe ich sie nicht geschlagen"), lügen dreist („Das habe ich nie gesagt") oder verlegen sich auf Halbwahrheiten unter Auslassung der pikanten Details. Als Meistermanipulatoren werden sie von der Gesellschaft oft bestärkt, sodass sie selbst noch mit Mord davonkommen können. Mit den Worten von Sandra Brown: „Die Welt scheint sich nur um sie zu drehen."

Natürlich weigern sie sich, Verantwortung für ihr Handeln zu übernehmen. Immer hat jemand anderes „Schuld". Kürzlich hat mir in einer Diskussion mein Freund Dr. Bob Palumbo, der klinischer Psychologe ist, erzählt: „Eine Borderline-Persönlichkeit kann man ganz einfach erkennen: Erst machen sie dich fertig und bescheißen dich, sind grenzüberschreitend ohne Ende, und dann geben sie dir die Schuld." Bingo!

Sie sind Raubtiere, spezialisiert auf einfühlsame Seelen, wobei sie auch gern mal „auf die Tränendrüse" drücken. So in der Art wie „Meine Ex hatte eine Affäre und hat mich verlassen. Nun sehe ich die Kinder nicht mehr."

Vampire langweilen sich schnell, weshalb sie immer ein bisschen Action brauchen. Sie können recht kokett sein, lustig und unterhaltsam. Oft ist es so toll mit ihnen, dass die Sensibelchen aus lauter Angst, den ganzen Spaß und Glamour zu verlieren, von ganz allein bei der Stange bleiben. Verglichen mit dem Leben eines Vampirs mutet das eigene Leben plötzlich banal und langweilig an. Da will man nicht zurückstehen.

Eine Vampirin aus meiner eigenen Vergangenheit pflegte jedes Gespräch mit einem „Du glaubst ja nicht, was passiert ist, als du weg warst" einzuleiten. Dann kam sie mit einer Seifenoper, Dramen über Dramen, was eigentlich sehr unterhaltsam war. Aber im Laufe der Zeit habe ich gemerkt, dass das nur ihre Art war, um narzisstische Zufuhr und Aufmerksamkeit zu bekommen. Nachdem diese ständige Dramatisierung aus meinem Leben verschwunden war, habe ich meinen neu gefundenen Frieden sehr zu schätzen gewusst. Das war eine große Erleichterung für mich.

Eine Methode, wie Vampire Spannung in ihr Leben bringen, ist, dass sie sich um die eigene Gesundheit sorgen. Man schätzt, dass 25 bis 30 Prozent aller Patienten in der Primärversorgung versuchen, über eine Krankheit ihre emotionalen Bedürfnisse zu stillen. Deshalb haben sie absolut kein Interesse daran, gesund zu werden, weil sie bei ihren Arztbesuchen so viel Aufmerksamkeit erhalten. Dr. Mario Martinez sagt es so: „Krankheiten sind leichter zu behandeln als die Angst vor dem, was kommt, wenn es vorbei ist mit der Krankheit."

Vollblutnarzissten können hypersexuell und sehr gut im Bett sein. Dazu sind sie sehr verführerisch und oft sehr attraktiv. Monogamie ist eher selten zu beobachten, dafür haben sie oft Affären. Außerdem werden sie Sie mir nichts dir nichts davonjagen, wenn Sie nicht in gewohnter Manier für ihre narzisstische Zufuhr sorgen. Sie können 20 Jahre verheiratet sein und eines schönen Tages merken Sie, wie es um Sie steht.

Dann fordern Sie eine Veränderung. Höchstwahrscheinlich werden Sie sich umschauen, wenn die Person, die Sie geliebt und der Sie alles geopfert haben (in der Hoffnung, dass sie sich schon noch bessern wird), sich nicht nur nicht ändert, sondern binnen Monatsfrist auch noch eine neue Partnerin (als Quelle der narzisstischen Zufuhr) auftreibt. Für die hochsensible Partnerin ist das natürlich eine herbe Enttäuschung. Sie fragt sich zu Recht: *Hat er mich wirklich je geliebt?*

Wenn Sie also Ihre Beziehung und Ihre Kontakte betrachten, weil Sie vermuten, dass ein Vampir dabei ist, sollten Sie nach folgenden Manipulationstechniken Ausschau halten:

- Jemand ist offen oder verdeckt aggressiv, um seinen/ihren Willen zu bekommen.
- Jemand möchte immer „gewinnen" und kann kein Nein akzeptieren. Im Falle der Gegenwehr wird eine Zermürbungstaktik gefahren, bis man aufgibt.

- Jemand lügt, um besser dazustehen, egal wie die Dinge liegen oder was der eigene Anteil daran ist.
- Starke Wettbewerbsorientierung und ein Ringen um die Oberhand, um permanent „Macht“ zu demonstrieren.
- Niemals direkte Antworten selbst auf einfachste Fragen geben. Auf die Frage: „Kann ich mich darauf verlassen, dass du heute Abend noch einkaufst?“ kommt als Antwort: „Du weißt doch, wie müde ich nach der Arbeit bin.“
- Andere für die eigenen negativen Handlungen verantwortlich machen.
- In anderen Schuldgefühle wecken, damit sie sich schlecht fühlen.

Es kann schwierig sein, seinen persönlichen Vampir zu identifizieren, weil man sich oft selbst in dem Gespinst aus Lügen und Schuldgefühlen verstrickt hat. Auch ist man ständig damit beschäftigt, die negativen Konsequenzen von irgendetwas auszubügeln, weshalb man das Große und Ganze aus dem Blick verliert. Um jemanden als Vampir zu erkennen, muss man auf Distanz gehen. Dann erkennt man das zugrunde liegende Muster viel besser. Diese Distanzierung – jemanden aus einer neuen Perspektive zu betrachten – ist nicht immer ganz leicht, 3000 Meter über der Erde ist manchmal nicht der schlechteste Ort, um die wahre Natur eines Menschen zu erkennen.

Wenn Sie jemand sind, der sich nur unschwer aus einer Beziehung löst und immer noch auf „Änderung“ setzt, machen Sie sich klar, dass Vampire weder Moral noch Gewissen kennen. Ihnen fehlt es an Mitgefühl und Bedauern kennen sie nicht. Auch meinen sie, sie seien perfekt. Darüber hinaus sind sie oft rachsüchtig und wütend, zeigen keine Reue und sind unfähig, eine enge Beziehung einzugehen. Sie tricksen und täuschen. Ich weiß, dass dies nur schwer zu akzeptieren ist, aber Vampire wissen genau, was sie tun. Verleugnung ist ihre Sache *nicht*.

Vampire sind Meister der Taktik, um sich einen persönlichen Vorteil zu verschaffen. Haben Sie erst einmal heraus, wie sie ticken, werden Sie nicht mehr so leicht von ihnen schikaniert.

VI. KAPITEL

Setzen Sie sich an die erste Stelle

In seinem Buch *Wölfe im Schafspelz* schreibt Dr. George Simon: „Zu den Grundlagen menschlichen Verhaltens gehört, dass der Angreifer die Regeln festlegt. Das liegt daran, dass ein Opfer, sobald es angegriffen ist und sei es nur verdeckt, in seiner Position geschwächt oder emotional auf dem Rückzug ist, sich immer darum bemüht, ein besseres Kräfteverhältnis herzustellen." Oder wie der uralte Spruch sagt: „Angriff ist die beste Verteidigung."

Da Sie nun bereits wissen, woran Sie Ihren Vampir erkennen, ist es an der Zeit, Sie in die Offensive zu bringen – und darum wird es im restlichen Teil dieses Buches gehen. Tipps, Techniken und Taktiken, die Ihnen die Kontrolle über Ihr Leben und Ihre Beziehungen zurückgeben.

Hat man es mit einem Energievampir zu tun, muss man als Erstes einsehen, dass es überhaupt ein Problem gibt. Empathische Menschen tun sich oft schwer zu akzeptieren, dass nicht alle Menschen von Liebe und Licht erfüllt sind. Es gibt nun einmal Raubtiere, denen es an Charakter, Einfühlungsvermögen und Mitgefühl mangelt. Je eher Sie das akzeptieren, desto eher werden Sie sich sicher und glücklich fühlen.

Wenn Sie der Realität ins Auge gesehen haben, was tun Sie als Nächstes, um nicht zu einer Quelle narzisstischer Zufuhr für jemanden zu werden? Fangen wir ganz am Anfang an: Loten Sie Ihre Beziehung aus.

Wie steht es um Ihre Beziehungen?

Um herauszubekommen, ob Sie es mit einem Energievampir zu tun haben, müssen Sie zweierlei wissen:

1. Wie man ihn oder sie identifiziert und 2. wie sehr Sie akut gefährdet sind. Kurz gesagt, Sie müssen andere, aber auch sich selbst richtig einschätzen, weiterhin manipulative Taktiken erkennen und richtig zuordnen. Auch müssen Sie sich klar werden, was an Ihrer Persönlichkeit Sie anfällig für Manipulationen macht.

Im vorherigen Kapitel haben wir die Taktiken und Charakterzüge eines Energievampirs ausführlich behandelt. Wenn Sie eine Auffrischung brauchen, blättern Sie einfach zurück zu Seite 90 und lesen Sie den Abschnitt noch einmal durch. Was ich an dieser Stelle sagen will, ist, dass es ein paar Sprichworte gibt, mittels derer Sie feststellen können, ob Sie es mit einem Energieräuber zu tun haben oder nicht.

„An ihren Früchten werdet ihr sie erkennen."
„Wenn es wie eine Ente watschelt und wie eine Ente quakt, dann ist es wahrscheinlich auch eine."

Das soll Ihnen eine Richtschnur sein. Denken Sie daran, der Manipulator kämpft um Kontrolle, narzisstische Zufuhr, Aufmerksamkeit, Status, die Oberhand. Achten Sie nicht darauf, was er oder sie sagt. Achten Sie auf die Taktik, womit jemand gewinnen will. Schauen Sie auf das Verhalten, nicht auf die Worte.

Jetzt kommen wir zum schwierigeren Teil – der Selbsterkenntnis. Wenn Sie sich im ersten Kapitel bei der Beschreibung einer hochsensiblen empathischen Persönlichkeit wiedererkannt haben, dann sind Sie auf dem besten Weg der Selbsterkenntnis.

Dazu müssen Sie wissen, dass der mächtigste Hebel, der einem Vampir zu Gebote steht, die Persönlichkeit des Opfers ist. *Er* weiß, wie *sie* auf seine Taktik reagieren wird. Je besser Sie sich also selbst kennen – einschließlich der eigenen Verwundbarkeiten (die sich manchmal als Stärken erweisen können, außer natürlich bei Vampiren) –, desto weniger Macht hat der Vampir.

Neben den Supereigenschaften wie Gewissenhaftigkeit, Loyalität und der Geduld einer Heiligen hat Sandra Brown eine Reihe von Persönlichkeitsmerkmalen ausgemacht, die Frauen für Manipulationen anfälliger machen. Obwohl Browns Forschung sich vor allem mit Frauen beschäftigt, machen diese Merkmale auch Männer verletzlich, weshalb die weiterführenden Informationen am Ende des Buches für beide Geschlechter von Nutzen sind. Hier nun die Liste, verbunden mit Fragen zur Selbsteinschätzung:

- Extraversion und die Suche nach Anregung: Haben Sie festgestellt, dass Sie oft in Beziehungen mit Menschen geraten, die extrovertiert und aufregend sind? Finden Sie die Vorstellung einer „ruhigen" Beziehung langweilig?
- Beziehungsverhalten: Sind Sie in Ihren Beziehungen stark emotional, spirituell, körperlich oder finanziell engagiert – und das nicht nur in Ihren engeren? Haben Sie oft das Gefühl, dass Sie 80 Prozent geben, die anderen aber nur 20 Prozent?
- Anhänglichkeit: Sind Sie bindungsfähig? Gehen Sie schnell Bindungen zu Menschen ein? Gehen Sie Bindungen ein, in denen Sie sich verpflichtet fühlen oder den Wünschen der anderen entsprechen?
- Beziehungstreue: Sind Sie eher die- oder derjenige, der zu einer Beziehung steht? Bleiben Sie standhaft und kämpfen für den Erhalt der Beziehung? (Achtung, wir reden hier nicht über Co-Abhängigkeit.)
- Gering ausgeprägte Schadensvermeidung: Gehen Sie davon aus, dass Sie schon nicht verletzt werden? Sehen Sie andere so, wie Sie sich selbst sehen und nehmen Sie an, dass diese genauso unterwegs sind wie Sie?
- Zusammenarbeit: Sind Sie diejenige, die begeistert die Ärmel aufkrempelt, wenn es etwas zu tun gibt? Humorvoll und mit Begeisterung? Sind Sie diejenige, die gern einmal einspringt? Sind Sie die Person, die in einer Gruppe für gute Stimmung sorgt?
- Hyperempathie: Können Sie buchstäblich die Gefühle anderer spüren? Kommen Ihnen bei rührenden Filmen und traurigen Büchern schnell die Tränen? Arbeiten Sie in einem Heilberuf?

- Verantwortung und Einfallsreichtum: Sind Sie die Seelentrösterin in der Familie oder im Beruf? Die Person, die das „Stammesgedächtnis" verwaltet – sich erinnert, wo die alten Verträge aufbewahrt werden und was in dem Protokoll des Treffens vor zwei Jahren steht? Landen Sie oft in der Führungsrolle – bei der Arbeit oder zu Hause?
- Selbststeuerung: Sind Sie gut darin, schon einmal loszulegen, sind Sie jemand, der ohne Aufsicht gut arbeitet? Lernen Sie gern dazu, wollen verstehen, wie das Ganze funktioniert und Probleme lösen?
- Übererfüllung: Wurden Sie jemals als Streber bezeichnet? Arbeiten Sie normalerweise härter als andere und können sich nur schwer entspannen und gut für sich sorgen?

Der Psychologe Dr. George Simon hat gewisse Eigenschaften ausgemacht, die sich bei bestimmten Menschen als Einfallstor für Manipulationen herausstellen:

- Naivität: Können Sie sich einfach nicht vorstellen, dass Menschen so gerissen, hinterhältig und böse sein können, wie Ihr Bauchgefühl es Ihnen sagt? Nehmen Sie an, dass alle am Gemeinwohl interessiert sind?
- Gewissenhaftigkeit: Sind Sie strenger mit sich selbst als mit anderen? Urteilen Sie im Zweifel zugunsten des Manipulators, der Sie verletzt hat? Geben Sie sich tendenziell selbst die Schuld daran, wenn der Vampir Sie angreift?
- Geringes Selbstwertgefühl und geringes Selbstvertrauen: Hegen Sie Zweifel, dass Ihre Bedürfnisse und Wünsche legitim sind? Haben Sie das Zeug dazu, Konflikte direkt und zielorientiert anzugehen? Weichen Sie beim ersten Anzeichen eines Konflikts aus und geben nach? Sind Sie leicht durch Schuldzuweisung und Beschämung zu beeinflussen?
- Intellektualisierung: Versuchen Sie immer, das Verhalten anderer rational und logisch zu verstehen und zu erklären? Machen Sie den Fehler zu glauben, dass es einen Grund geben muss, warum

sich ein manipulativer Mensch in einer bestimmten Weise verhält? Sind Sie so sehr damit beschäftigt, die Standpunkte anderer zu verstehen, dass Sie sich selbst vergessen? Haben Sie Schwierigkeiten, die Tatsache zu akzeptieren, dass es Menschen auf dieser Welt gibt, die immer und mit unlauteren Mitteln kämpfen, um zu bekommen, was sie wollen?

Sehen Sie sich an

Nehmen Sie sich nun ein bisschen Zeit und denken über die Menschen in Ihrem Leben sowie Ihre eigene Persönlichkeit nach. Machen Sie dazu etwas sanfte Musik an, zünden Sie eine Kerze an und lassen Sie Ihren Gedanken freien Lauf. Gehen Sie die obige Liste durch und prüfen Sie, ob Sie sich in den genannten Eigenschaften wiedererkennen. Beantworten Sie die Fragen so ehrlich wie möglich. Und denken Sie daran, viele dieser Eigenschaften sind löblich, wenn es um die Bewältigung von Lebensaufgaben geht. Es ist nur so, dass wir unsere Rechnung ohne die Vampire und ihre Hinterlist machen. Deshalb werden wir auf kaltem Fuß erwischt.

Sehen Sie die anderen an

Da Sie nun geprüft haben, wie leicht oder schwer Sie Opfer eines Energievampirs werden, schauen Sie sich Ihre Beziehungen an und machen Sie eine Liste etwaiger Vampire. Gehen Sie dabei zeitlich so weit wie möglich zurück und schreiben Sie alle Vampire auf, denen Sie je begegnet sind. Haben Sie derzeit mit einem Vampir zu tun, stehen die Chancen gut, dass das auch schon früher einmal der Fall war und dass Ihr erster Vampir ein Familienangehöriger war – ein Elternteil oder Großelternteil, Bruder oder Schwester, Tante oder Onkel. Die Chancen stehen auch gut, dass niemand sonst in Ihrer Familie gemerkt hat, wie stark diese Menschen manipuliert und Sie sonst noch negativ beeinflusst haben.

Denken Sie an einen vergangenen oder gegenwärtigen Vampir. Spüren Sie dem Moment nach, als Sie ihm oder ihr zum ersten Mal begegnet sind oder mit ihm zu arbeiten anfingen. Als Sie noch ein Kind waren, hatten Sie da vielleicht Bauchschmerzen, wenn er oder sie nach Hause kam? Erinnern Sie sich, dass Sie versucht haben, dieser Person zu gefallen, um sich selbst zu schützen? Hat man Sie erschreckt oder in irgendeiner Weise missbraucht? Haben Sie dieser Person Macht über sich gegeben, weil Ihnen niemand gesagt hat, wie Sie sich zur Wehr setzen können?

Es ist gut möglich, dass Ihr allererster Vampir Ihre Mutter oder Ihr Vater war und dass Sie als eine „Erweiterung" von ihnen erzogen wurden. Vielleicht haben die Eltern ihre unerfüllten Hoffnungen und Träume durch Sie ausgelebt. Vielleicht war Ihre Existenz dem Ziel gewidmet, sie in einem guten Licht dastehen zu lassen.

Merken Sie beim Durchgehen der Liste, dass es Ähnlichkeiten zwischen ihnen gibt? Blätten Sie noch einmal in das fünfte Kapitel zurück und lesen Sie die Eigenschaften eines Vampirs nach. Vertrauen Sie sich – besonders dann, wenn Sie geneigt sind, sich Ihre neuen Erkenntnisse auszureden.

Denken Sie daran, dass Sie Vampire nur dann vermeiden können, wenn Sie wissen, auf was Sie achten müssen. Bald schon werden Sie einen geübten Blick für ihre Taktiken haben und ihnen gezielt ausweichen. Doch selbst wenn es ihnen mit Charme und Geschick gelingen sollte, Ihre Verteidigungslinien zu unterlaufen, werden Sie immer früher „den Durchblick haben".

Einer meiner Kolleginnen drückt es so aus: „Meine Mutter hatte starke narzisstische Tendenzen und war sehr egoistisch. Am Ende war ich mit meiner Mutter ‚verheiratet' und diese Ehe sollte 23 Jahre dauern. Dann geriet ich an eine Freundin, eine charmante Vampirin mit starker Ausstrahlung. Nach 12 Jahren bin ich aufgewacht. Dann gab es noch einen Geschäftspartner, mit dem ich eine Firma gründen wollte. Es endete nach drei Jahren. Schließlich arbeitete ich mit einer ebenfalls charismatischen Coachin in puncto Empowerment für Frauen. Nach fünf Jahren dämmerte mir etwas – wobei wir nicht immer in direktem Kontakt standen. Von Mal zu Mal kapiere ich die Taktik schneller und gratuliere mir, wenn ich auf mein Bauchgefühl höre und nicht mehr so gewährend bin. Manchmal merke ich das Muster sofort und lasse mich erst gar nicht auf so jemanden ein."

Gehen Sie auf Abstand

Haben Sie jemanden als Vampir enttarnt, bleibt nur ein Weg. Ich habe es bereits gesagt und wiederhole es hiermit: Sie müssen davon ausgehen, dass er oder sie sich nie ändern wird. Leben Sie Ihr Leben und hören Sie auf, auf den Tag zu warten, an dem das „Potenzial", was Sie in der Person sehen, Wirklichkeit wird. Die Wahrscheinlichkeit, dass so etwas passiert, tendiert gegen null – die Person wird sich nicht ändern, es sei denn, weil sie durch Liebesentzug unter Druck gerät.

Disclaimer: Sandra Brown und Dr. George Simon, beide Experten für Persönlichkeitsstörungen, sind sich in der Tat uneins, ob sich jemand ändern kann oder nicht. Brown hat es in 30 Jahren Arbeit mit Vampiren und ihren Opfern noch nie beobachtet. Simon hingegen, der seit 25 Jahren mit Energieräubern arbeitet, sagt, dass er gelegentlich eine Veränderung erlebt hat.

Denken Sie daran, dass wir es hier mit einem Spektrum von Vampiren zu tun haben. Wer am unteren Ende der Skala rangiert, ist womöglich zu einer Änderung in der Lage, aber dies geschieht nur, wenn so jemand durch äußere Umstände wie den Verlust einer Beziehung, des Status, des Geldes oder eines Jobs unter Druck gerät. Diese Leute müssen wissen, dass sie mit dem Rücken zur Wand stehen. Simon sagt, dass sich im Fall einer wirklich starken Liebesbeziehung, bei der der Vampir wiederholt auf sein Verhalten hingewiesen wird, es manchmal zu einer Veränderung kommt – aber nur, wenn Schuld und Scham so groß sind (oder die Verlustangst), dass so ein Mensch vor den Spiegel tritt und laut Besserung gelobt.

In meiner gesamten Karriere und aufgrund meiner Lebenserfahrung weiß ich nur von einem einzigen Fall, wo eine Verhaltensänderung eine Ehe gerettet hat.

Das lag nicht nur daran, dass das Opfer den Vampir wieder aufnahm, sondern es quasi bereits „aus der Tür" war und ihm ein Ultimatum gestellt hat. Das war der Schlüssel. Dabei war sie sozusagen schon ausgestiegen und hatte das erreicht, was man als *Gleichgültigkeit* bezeichnen muss. Narzisstische Zufuhr und Gleichgültigkeit, das passt einfach nicht zusammen. Sie hatte nicht nur keinen

Aufschlag, sie war ganz vom Platz gegangen und hatte ihn mit dem Ball allein stehen lassen. Wobei sie verkündet hatte, dass er für drei Monate ausziehen und sich einen Therapeuten suchen müsse, einen Spezialisten für Persönlichkeitsstörungen – also jemanden, der sich nicht einwickeln lässt. Weil er viel zu verlieren hatte, hielt er sich an die Regeln, ging zweimal die Woche zum Therapeuten und änderte sein Verhalten. Zum Glück war er auf der narzisstischen Skala weit genug unten, um noch einen Rest Gewissen und den Wunsch nach Veränderung zu spüren. Aber ich möchte noch einmal in aller Deutlichkeit betonen: ***Das kommt sehr selten vor.***

Und es muss auch richtige Reue geben. George Simon verweist darauf, dass es sich dabei um etwas ganz anderes handelt als Bedauern oder Leidtun, etwas, was Energievampire sehr wohl ausdrücken können – „Ich habe dir hundert Mal gesagt, dass es mir leidtut, was willst du noch" –, ohne dass sich wirklich etwas an ihrem Verhalten ändert. Reue bedeutet, wirklich am Boden zerstört zu sein. Folgendes ist entscheidend: Wenn jemand wirklich reuevoll ist, müssen *Sie* nichts machen. Der *Vampir* ist am Zug. Mit anderen Worten, Sie als empathische Person müssen weder den richtigen Therapeuten noch die richtige Gruppe noch sonst was finden. Ballbesitz: Vampir.

Aber wie gesagt, das ist extrem selten, also gehen Sie besser davon aus, dass sich Ihr Vampir nicht ändert. Setzen Sie sich an die erste Stelle, hören Sie auf, auf ein Wunder zu warten und machen Sie mit Ihrem Leben weiter. Punkt. Ende der Geschichte. Sie müssen mit der Sache abgeschlossen haben und nicht auch nur eine Minute lang glauben, dass sich etwas ändert. Das ist der einzige Weg. Denn in dem unwahrscheinlichen Fall von 1 zu 1 Million, dass sich doch jemand ändert, geschieht dies nur, wenn Sie komplett raus sind. Das ist wirklich sehr paradox.

Ich habe lange gezögert, Ihnen von diesem einen Fall zu berichten, weil ich befürchte, dass er dazu ermutigt, in der Hoffnung auf Veränderung ewig weiterzumachen, statt sich auf das Loslassen zu konzentrieren. Doch so funktioniert das nicht. Sie müssen vor allem sich selbst in Sicherheit bringen. Erst dann können Sie entscheiden, ob Sie noch etwas mit dieser Person anfangen wollen. Der einzig mögliche Schachzug ist der, anzunehmen, dass es zu keiner Änderung kommt. Sie müssen sich innerlich so schnell und so vollständig wie möglich lösen. So wie meine Freundin müssen Sie sich in völliger Indifferenz üben, was für hochsensible Menschen natürlich schwer ist. Doch nur dann können Sie die Energie-Schotten schließen, wieder genesen und wieder über Ihre Kräfte verfügen.

Bleiben Sie bei sich

Dieses Kapitel heißt „Setzen Sie sich an die erste Stelle", weil im Grunde alles, wovon hier die Rede ist, damit zu tun hat. Aber weil das nicht so einfach ist, möchte ich gleich zur Sache kommen. Was mich zu einem meiner Lieblingszitate von Abraham bringt, der von Esther Hicks gechannelt wird: „Man kann gar nicht krank genug werden, um kranken Menschen zu helfen, gesund zu werden." Man kann nicht arm genug werden, um armen Menschen zu Wohlstand zu verhelfen." Doch daraus zu schließen, dass es unser Los ist, unsere Lebensenergie ins Bodenlose zu geben, nur damit es anderen besser geht, dann geht es uns am Ende schlecht. Es ist wie in dem alten Sprichwort: „Wenn du dein Licht dimmst, um anderen zu gefallen, wird die ganze Welt dunkler." Also geben Sie acht. Nie nach Aufmerksamkeit zu streben oder nach Zuneigung oder danach, dass jemand Ihnen zuhört, führt zu nichts. In Gegenteil, es schadet Ihnen. Sie sollten nicht Ihr Leben damit zubringen, anderen auf eigene Kosten zu helfen.

Denn auch Sie sind wichtig! Auch Ihr Wohlbefinden ist ein notwendiger Teil des Ganzen. Und Ihr Wohlbefinden beeinflusst das Ganze positiv. Wenn Sie sich ständig für das Wohl anderer aufopfern, wer wird dann Sie retten? Niemand. Wenn Sie sich nicht auch miteinbeziehen, werden Sie als Opfer Ihres Rettungswahns im Kreis der ewigen Wiedergeburt verharren. Ich sage den Menschen immer im Scherz, dass, wenn sie ihre schwierigen Beziehungen zu Kind, Ehemann, Mutter, Frau usw. nicht klären, sie das nächste Mal als eineiige Zwillinge zurückkommen. Böses Karma.

Okay, ich mache es mir ein bisschen einfach. Der Begriff des Karmas ist natürlich komplizierter. Aber Sie verstehen schon.

Die Wahrscheinlichkeit Ihres Aufenthalts hier auf Erden, gemessen daran, wie viele Menschen es gibt und wie viele Spermien es nicht zu einem Ei schaffen, liegt schätzungsweise bei 1 zu 400 Billionen. Stellen Sie sich das einmal vor. Sie sind also gewollt. Deshalb sollen Sie auch Ihre Besonderheit und Ihre Talente würdigen. Es ist Ihre Aufgabe, Ihre besonderen Gaben in den Dienst der Welt zu stellen – eine Welt, die unbedingt unser Wohl mit einschließt. Und deshalb müssen Sie sich an die erste Stelle setzen. Konzentrieren Sie sich in erster Linie auf sich und Ihr Wohlbefinden. Die Erfüllung, die Sie dann finden, wird Sie überraschen und zu Ihrer Genesung führen.

Der einzige Weg, um zur Ganzheit zu gelangen und so etwas wie die Kraft der Liebe zu werden, bedeutet, im Zweifel für sich einzustehen. Behandeln Sie sich genauso gut wie andere auch. Stillen Sie erst Ihren Durst und teilen Sie dann. Finden Sie die Liebe in Ihrem Inneren, die Art Liebe, die einen nie im Stich lässt.

Um sich selbst einmal in einer anderen Perspektive zu sehen, sollten Sie sich jeden Morgen Folgendes sagen:

„Mir und meiner Seele schwöre ich die Treue. Dafür trete ich ein.
Ich halte meine Güte, meine Gaben und meine Talente in Ehren.
Ich gelobe, mir treu zu bleiben, jetzt und alle Tage."

Ich nenne das ein Treuegelöbnis der anderen Art. Mario Martinez nennt so etwas „eigene Größe mit Demut annehmen". Wie auch immer man es nennt, dieser Akt verändert alles. Wenn die Gelöbnisformel für Sie nicht stimmt, erfinden Sie Ihre eigene. Es geht nur darum zu verstehen, dass Sie jeden Tag aufs Neue zählen. Darum, sich das immer wieder neu zu sagen, bis es im Unterbewusstsein angekommen ist. Bald schon werden Sie Entscheidungen in Ihrem Sinne treffen. Und über kurz oder lang werden Sie das machen, ohne groß darüber nachzudenken. Dann ist aus einem bloßen Vorsatz eine Gewissheit geworden.

Es stimmt schon, sich selbst an die erste Stelle zu setzen, ist leichter gesagt als getan – aber es lohnt sich. Am Anfang werden Sie sich sicherlich noch schuldig fühlen. Nehmen Sie das erst einmal nur wahr und akzeptieren Sie es. Dadurch verlieren Schuldgefühle ihre Macht. Ich mache bei aufkommenden Schuldgefühlen gern eine lustige Übung. Dann sage ich zu mir: „Das hast du gut gemacht! Du bist ganz dicht dran! Niemand kann Schuldgefühle so gut kleinkriegen wie du."

Ob Sie es glauben oder nicht, aber je früher Sie sich Ihre Schuldgefühle eingestehen, desto eher können Sie sich von ihnen lösen. Das ist viel besser, als sich an ihnen festzubeißen und sich Vorwürfe zu machen. Uneingestandene Gefühle belasten uns viel mehr. Wie schon das Sprichwort sagt: „Man muss es fühlen, damit es heilen kann." Wenn Sie Scham, Schuldgefühle, Traurigkeit oder andere schmerzliche Gefühle empfinden, seien Sie froh darüber!

Grenzen ziehen

Sich selbst an die erste Stelle zu setzen funktioniert vor allem dadurch, dass man Grenzen zieht. Grenzen gibt es in allen Formen und Maßen – vom kompletten Bruch bis zur bewussten Minimierung. Grenzen sind für Ihr geistiges Wohl absolut unerlässlich, besonders wenn Sie den Eindruck haben, dass Ihr Vampir eine Borderline-Persönlichkeitsstörung hat. Um die narzisstische Zufuhr zu kappen, ist es das Beste, die Kommunikation komplett zu unterbrechen. Trennen Sie sich. Brechen Sie die Beziehung ab. Kündigen Sie den Job. Oft klappt das nicht so ohne Weiteres. Sie können Ihren Mann nicht einfach im Stich lassen, wenn Sie Kinder haben, nicht einfach kündigen, wenn Sie doch das Geld brauchen. Und was erst, wenn Ihr Vampir das eigene Kind ist? In all diesen Fällen gilt es herauszufinden, wie der Kontakt – oder zumindest die narzisstische Zufuhr – so gering wie möglich gehalten werden kann.

Erinnern Sie sich noch, wie ich sagte, dass mir zu Beginn meiner Karriere eine einzige negative Rezension die Freude über 200 positive Rezensionen verdarb? So etwas konnte mich dann noch wochenlang beschäftigen, was mein Selbstverständnis untergrub und mir die Stimmung verdarb. Nun, damit muss ich mich nicht mehr herumschlagen, weil ich eine Grenze gezogen habe. Irgendwann habe ich beschlossen, die Post nicht mehr selbst zu öffnen und dies stattdessen einen Mitarbeiter machen lassen – aus Selbstschutzgründen. Im Fall einer konstruktiven Kritik habe ich gewisse Änderungen vorgenommen. Aber offen gesagt kann ich mich nur an ganz wenige konstruktive Kritiken in all den Jahren erinnern.

Nun ist es so, dass es im Bereich Social Media kaum eine Möglichkeit gibt, Kritik und Negativität aus dem Weg zu gehen – vor allem dann nicht, wenn Sie sich da draußen in irgendeiner Weise profilieren. Je stärker Sie eine Person des öffentlichen Lebens sind, desto größer die Negativität. Ich erinnere mich an die Oscars 2017, in denen einige meiner Lieblingsstars die bösen Tweets über sich aus dem gleichen Jahr direkt in die Kamera vorlasen. Es war Wahnsinn zu sehen, wie die wunderbare Emma Stone einen Tweet über sich vorlas, in dem stand: „Emma Stone sieht in ihren Filmen aus wie eine Crack-Hure." Autsch.

Worum es also geht, ist, eine Strategie für den Umgang mit negativen Bewertungen und Kritik zu finden. Zu der Zeit, als ich diesem Buch den letzten Schliff gab, machte ich eine Facebook-Live-Präsentation mit einem befreundeten Landwirt, der antioxidantienreiche schwarze Johannisbeeren anbaut. Ich wollte einfach, dass meine Community davon erfährt. Hunderte Menschen aus der ganzen Welt haben sich damals gemeldet und in den meisten Fällen ganz wunderbar zum Gespräch beigetragen. Aber *einen* Kommentar gab es. Eine Frau sagte: „Das würde viel besser funktionieren, wenn Sie ihn einfach mal reden lassen würden. Sie dominieren die ganze Unterhaltung." Das saß. Da war wieder der Splitter. Natürlich war das nur ihre Meinung. Aber es ist die eine Sache, auf die ich mich für eine Weile konzentriert habe – mein ewiger Wunsch, anderen zu gefallen und sie zu heilen auf Kosten meiner selbst.

Und deshalb verhalte ich mich in den sozialen Medien nun folgendermaßen. Suchen Sie sich aus, was davon für Sie passt. Ist jemand höhnisch oder kritisch, versuche ich nicht mehr, das „auszubügeln", Liebe zu senden oder meine Position zu erläutern. Wenn der Kommentar unangenehm ist, lösche ich ihn einfach. Wenn es dann noch mal passiert, dann drücke ich einfach „Benutzer sperren". Meine öffentliche Facebook-Seite ist mein Reich, und ich bin die Königin. Warum sollte ich zulassen, dass jemand es ruiniert? Meine Seite ist wie mein Haus. Da würde ich auch nicht dulden, dass jemand es beschädigt oder Müll im Hof herumliegen lässt, also warum sollte ich im digitalen Äquivalent anders handeln? Im Netz gibt es viele Möglichkeiten für Leute, sich zu streiten und ätzend zu sein, meine Seite gehört sicher nicht dazu.

Es gibt viele Situationen im Leben, wo Sie Ihre Energie recht einfach schützen können. Wenn es jemanden bei der Arbeit gibt, mit dem Sie, nur weil sie mal kurz auf die Toilette müssen, am Ende immer reden müssen und sich hinterher schlecht fühlen, finden Sie einen anderen Weg zur Toilette. Wenn das unmöglich ist, gibt es vielleicht noch woanders eine? Ruft Ihr Freund nur an, wenn er etwas braucht? Gehen Sie erst gar nicht dran und entschuldigen Sie sich auch nicht dafür. Das Verhalten zählt. Wenn er dann irgendwann den Mut aufbringt, Sie zu fragen, ob Sie ihm ausweichen, sprechen Sie ihn auf sein Verhalten an. Und seien Sie darauf gefasst, dass dies nicht reibungslos über die Bühne geht.

Einer meiner Freunde, ich nenne ihn Sandy, arbeitet in einer Firma, in der der Geschäftsführer ein Tyrann (und ein Vampir) ist. Irgendwann hatte Sandy die Nase voll von den ewigen Wutausbrüchen und Beleidigungen, die er sich von diesem Kerl anhören musste, und sagte: „Was habe ich dir getan, dass du mich so behandelst?" Und das war's. Sandy stand dem Tyrannen gegenüber, und der ging woandershin. Vor Kurzem hörte ich, dass derselbe Tyrann es irgendwann zu doll trieb und gefeuert wurde. Er hatte wohl auch Eheprobleme, was für einen Vampir nicht ungewöhnlich ist.

Die Kraft des Nein

Am besten verringern Sie den Austausch mit Energievampiren, indem Sie sich „im Negativen ermächtigen". Mit anderen Worten, lernen Sie, Menschen zurückzuweisen, auch wenn Sie diese dabei ein wenig verletzen müssen. Das ist unerlässlich. Halten Sie's wie in der alten Anti-Drogenwerbung: Sag einfach Nein.

Ich weiß, was Sie nun denken: *Wenn das so einfach wäre, hätte ich es schon getan.* Aber die Sache ist so: Nein zu sagen erfordert Übung. Auch kann man Nein sagen, ohne die Person, um die es geht, zu verletzen. Mitgefühl ist angesagt, und das haben Sie ja reichlich. Wenn Ihnen das zunächst schwerfällt, dann sagen Sie wenigstens: „Ich melde mich wieder." Hauptsache, Sie sehen zu, dass Ihre Knie nicht zittern. Hier ist eine gute Möglichkeit, Nein zu sagen: „Ich fühle mich wirklich geehrt, dass Sie anfragen, aber ich muss leider ablehnen. Das werden Sie sicher verstehen."

Hier eine Übung für die Startphase beim Neinsagen: Das nächste Mal, wenn Sie jemand um etwas bittet, atmen Sie durch und achten Sie darauf, wie Sie sich dabei fühlen. Bekommen Sie schon Bauchgrimmen beim bloßen Gedanken, Ja zu sagen? Regt es Sie auf? Sind Sie verärgert, dass man Sie anfragt? Wenn Sie auf Ihr Bauchgefühl achten, werden Sie schnell merken, ob Sie wirklich Ja meinen. Also wenn es kein „au ja" ist, dann ist es ein Nein. Und wenn es ein Nein ist, sollten Sie nicht doch Ja sagen, weil Ihre Ambivalenz die Energie des Ganzen negativ beeinflussen wird. Sie tun niemandem einen Gefallen mit Ihrem Ja.

Fangen Sie damit, in einem kleineren Rahmen Nein zu sagen. Möchtest du eine Limo? Nein. Darf ich meinen Mantel auf dein Bett werfen? Nein. Tu ihn lieber hierhin. Ist es okay, wenn ich esse, während wir reden? Nein.

Achten Sie einmal darauf, wie eine Zweijährige das macht. Das ist das Alter, in dem wir von selbst Grenzen ziehen lernen und das Wort Nein lernen. Meine zweijährige Enkelin erfreut mich jedes Mal, wenn ihr etwas nicht gefällt, was ich tue, und sie sagt: „Lulu, hör auf." Laut und deutlich.

Sobald Sie sich ein wenig ans Neinsagen gewöhnt haben, oder in leichten Fällen mit „Ich melde mich wieder" operieren, können Sie zu den komplizierteren Fällen übergehen. Aber tun Sie das nicht unvorbereitet. Stellen Sie sich eine wichtige Situation vor, in der Sie Nein sagen wollten, sich aber nicht trauten. Gehen Sie die ganze Situation Schritt für Schritt durch. Sie könnten sogar eine Situation nehmen, in der Sie einmal Ja gesagt haben, als Sie eigentlich Nein meinten. Wie war das? Fühlte es sich gut an, dass Sie Ja gesagt haben? Oder wurde die Situation, wie so oft, nur noch schlimmer?

Im Unterbewusstsein gibt es kein Zeitempfinden. Wenn Sie also eine Situation oder ein Gefühl noch einmal so durchspielen, als ob es gerade im Moment passiert, dann ist das noch intensiver. Seele und Körper machen keinen Unterschied zwischen Vergangenheit und Gegenwart, wissen also nicht, ob Sie etwas im Augenblick oder in einer Erinnerung erleben. Sie erleben nur die Gefühle, die mit einer Situation verbunden sind. Dem Gehirn genügt das, um es als echte Erfahrung zu verbuchen.

Wenn Sie sich nun also etwas immer wieder vorstellen, wachsen neuronale Pfade, die Ihre zukünftige Reaktion bestimmen werden. Das Ziel dieser Visualisierung ist es deshalb, einen neuronalen Pfad zu schaffen, der Ihnen hilft, Nein zu sagen. Gehen Sie zurück in die Situation und sagen Sie im Geiste: „Ich kann nicht." Üben Sie das immer und immer wieder, so lange, bis es Ihnen in Fleisch und Blut übergegangen ist und ganz automatisch kommt. Und denken Sie daran, keine Entschuldigung oder Erklärung abzugeben. Sagen Sie nur: „Ich kann einfach nicht." Keine Diskussion. Sie schulden niemandem etwas.

Nun zu einer anderen Situation. Stellen Sie sich vor, eine Freundin will etwas mit Ihnen unternehmen. Stellen Sie sich zugleich das flaue Gefühl im Magen vor, und dazu auch noch das Gefühl, sie nicht hängen lassen oder enttäuschen zu wollen.

Suchen Sie nun den genauen Wortlaut, den Sie anwenden, um die Freundin abzuweisen. Stellen Sie sich vor, was Sie sagen und auch, was die Freundin daraufhin sagt. Gehen Sie durch Ihre Angst hindurch. Und dann machen Sie es noch einmal. Spielen Sie diesen Film wieder und wieder ab, bis er in Ihnen keine Angst mehr hervorruft.

Sie werden sehen, wenn Sie erst einmal Ihre Angst vor dem Nein überwunden haben, werden Sie nur noch selten in Situationen geraten, die Sie strapazieren.

Gebrochener Flügel

Eine andere von mir geschätzte Taktik der Abgrenzung beziehungsweise der Ablösung von einem Energievampir nennt sich „gebrochener Flügel". Vor einiger Zeit, ich hatte gerade mit dem Vampirthema angefangen, hatte ich geschäftlich mit einem Mann zu tun, der sich als einer der klügsten Psychopathen herausstellte, die mir bislang untergekommen waren. Unsere Geschäftsbeziehung hat er ziemlich unprofessionell gehandhabt. Tatsächlich hat er mir vor allem Anträge gemacht; mir gesagt, ich sei etwas ganz Besonderes oder wie geschickt und schön ich sei. Wer mich heirate, müsste ein glücklicher Mann sein.

So in der Art, Sie merken's schon. Ich fühlte mich nicht besonders zu ihm hingezogen, aber all diese Liebesgedichte und Geschenke zu bekommen war damals irgendwie berauschend. Die Sache war jedoch, dass er immer so ein Hin und Her veranstaltete – dauernd änderte er die Spielregeln zwischen uns. Nie habe ich eine klare Ansage bekommen, was unsere Vereinbarung betraf. Also musste ich hier irgendwie Grenzen setzen und diesen Mann dazu bewegen, beim rein Geschäftlichen zu bleiben.

Zur gleichen Zeit konsultierte ich auch eine Psychologin, die mir eine Technik beibrachte, die sie in ihrer Praxis erprobt hatte – eine Technik, die besonders gut bei Borderline-Persönlichkeitsstörungen funktioniert. Alles, was Sie tun, ist, eine Krankheit oder einen familiären Notfall vorzutäuschen. Mit anderen Worten, man dreht den Spieß um. Jetzt sind *Sie* der Vogel mit dem gebrochenen Flügel; Sie sind die Bedürftige und nicht die andere Seite. Eh man sichs versieht, ist der Vampir auf und davon.

Dies funktioniert auch beim Online-Dating – ein Raum, der nur so vor Energievampiren wimmelt. Gängige Taktik dort ist, mit einer Verletzung wie „Ich bin Witwer", „Ich bin frisch geschieden und meine Ex hält die Kinder von mir fern" und so weiter in Führung zu gehen. Hier sollten Sie schon einmal misstrauisch werden. Hören Sie auf Ihr Bauchgefühl. Wenn Ihnen nur irgendetwas seltsam vorkommt, ziehen Sie den „gebrochenen Flügel" aus dem Ärmel und beobachten Sie, wie schnell der Kontakt zu Ende ist.

Liebe in homöopatischen Dosen

Was wir bis hier über Grenzen besprochen haben, bezog sich auf die Vermeidung harmloser Situationen. Doch was ist mit den komplizierten? Wie kann man in einer Ehe Grenzen setzen, aus der man sich nicht entziehen kann? Was ist mit Ihrer Mutter? Ihrer Schwester? Hier wird es etwas schwieriger.

Dr. Mario Martinez lehrt, dass Liebe auf einen schwierigen Menschen wie Gift wirkt. Oder dass es nur ein gewisses Quantum davon braucht, bis ein unangenehmer Mensch genug hat und gemein und böse wird. Wann solche Leute die Höchstdosis intus haben, erkennen Sie daran, dass sie dann anfangen, Sie zu kritisieren oder insgesamt negativ reagieren. Hier ein Beispiel. Sie besuchen Ihre Mutter, die sie eine Weile nicht gesehen haben, und auf die Sie sich freuen, ganz in der Hoffnung, dass der Besuch diesmal angenehm verlaufen wird. Alles läuft prima, zumindest in der ersten halben Stunde. Dann fängt sie an, Ihre Frisur, Ihren Beruf oder Ihre Kinder zu kritisieren. Sie verstehen schon, oder? Das ist der Zeitpunkt, an dem Sie Ihren Ausstieg machen müssen. Dazu müssen Sie unbedingt wissen, dass Sie nicht die Macht haben, sie froh oder glücklich zu machen, sobald sie negativ draufkommt. Stattdessen müssen Sie rausgehen und hinter sich die Tür zumachen. Sagen Sie: „Ich merke, dass du wieder mit deiner Kritik kommst. Deshalb gehe ich jetzt." Machen Sie nicht den Fehler, emotional zu reagieren. Nicht weinen, nicht betteln und nicht erwarten, dass Ihre Gefühle bestätigt werden. Gehen Sie nur. So einfach ist das.

Hier ist der schwierige Teil: Sie müssen lernen auszuhalten, dass diese Leute es nicht mögen, wenn Sie eine Grenze ziehen. Kein Vampir lässt sich gern in die Karten gucken. Sie haben doch die Filme und Bücher über Vampire gesehen beziehungsweise gelesen, oder? Sie können es nicht ertragen, im Schatten zu stehen. Wenn man sich positiv abgrenzt und dabei bleibt, ist das so, als strahlte man den Vampir grell an, was ihn oder sie zum Rückzug in die Finsternis veranlasst. Überdies müssen Sie auch aushalten lernen, dass man Sie dann kritisiert und womöglich andere Familienmitglieder involviert, in dem Versuch, diese gegen Sie einzustimmen. Machen Sie nun nicht den Fehler zu glauben, sich hier noch verteidigen zu können. Das klappt nicht. Gehen Sie einfach weg. Versuchen Sie auch nicht zu argumentieren. Am Ende werden Sie nach Ihrem Verhalten bewertet – und nicht nach dem, was Sie sagen. Weggehen wirkt.

Eine andere Taktik, um mit Vampiren in Kontakt zu bleiben und sich gleichzeitig zu schützen, ist die sorgfältige Planung gemeinsamer Aktivitäten. Finden Sie heraus, was mit Ihrem Vampir am besten funktioniert und wie der ideale Zeitrahmen dabei aussehen sollte. Ich habe eine Freundin, deren Vater ein Vampir par excellence ist. Beide lieben Theater, Kunst und Museen, und sie hat gelernt, dass ein Nachmittags- oder Abendausflug ins Kino oder Theater – zusammen mit einem Abendessen – ideal ist. Beide kommen auf ihre Kosten und sie widersteht seinem Dramatisieren und dem vergeblichen Versuch, ihn froh zu stimmen. Vor langer Zeit schon ist ihr klar geworden, dass eine Übernachtung in seinem Haus – mit seiner jetzigen Frau und dem gemeinsamen Sohn – einfach nicht funktioniert. Danach fühlte sie sich ausgelaugt und den Tränen nahe. Mittlerweile hat sie daraus gelernt.

Der letzte Ratschlag in puncto Abgrenzung von Menschen, denen man nicht ausweichen kann, lautet, so langweilig und schlicht wie möglich zu sein. Das nennt man den „grauen Fels" und funktioniert genauso, wie es klingt: Sie benehmen sich wie ein grauer Fels. Beantworten Sie Fragen nur knapp mit Ja und Nein. Begrenzen Sie den Kontakt so weit wie möglich. Denken Sie daran, alles, was Vampire wollen, ist narzisstische Zufuhr; also wird der Wasserhahn zugedreht.

Im Zwischenreich

Sobald man gelernt hat, Energievampire zu erkennen und sich abzugrenzen, betritt man das, was ich das Zwischenreich nenne. Das ist die Zeit zwischen der anfänglichen Erkenntnis und dem endgültigen Abkoppeln. Während dieser Zeit werden Sie sich wahrscheinlich aus verschiedenen Gründen einsam und traurig fühlen. Zum einen sind Sie noch nicht so weit, dass Sie bereits neue Freunde ohne vampirische Eigenschaften gefunden haben werden. Wenn Sie noch in einer Beziehung mit einem Vampir stecken, werden Sie, selbst wenn die Beziehung sich auf den Nullpunkt zubewegt, womöglich unsichtbar oder unattraktiv für Leute sein, die Vampire auf 50 Meter erkennen. Auch stehen Sie nicht für eine bewusste, gleichberechtigte Partnerschaft zur Verfügung. Wie eine meiner alten Seelenfreundinnen mir kürzlich sagte: „Ich war immer so nett und überangepasst, dass ich für richtig normale Menschen praktisch unsichtbar war. Wenn ich ehrlich bin, hätte ich mich wahrscheinlich auch gar nicht für sie interessiert, da mein Selbstwertgefühl ganz davon abhing, ob und wie ich anderen mit ihren Problemen helfen konnte."

Die andere Sache, die noch zu Ihrer Einsamkeit und Traurigkeit beitragen kann, ist der Umstand, dass Ihr Freundeskeis vielleicht auf eine Handvoll schwinden wird, vielleicht sogar nur auf ein, zwei gute Freunde. Ich sage oft scherzhaft, dass ich die echten guten Freunde an den Fingern einer Hand abzählen konnte, nachdem ich „befreundete Feinde" und dunkle Dinge hinter mir gelassen hatte.

Der letzte Grund schließlich, warum Sie sich in der Zwischenphase traurig fühlen könnten, ist, dass Sie womöglich Gefühle haben werden wie seit Jahren nicht mehr – solche wie damals als Kind, als Sie Energievampiren gefallen wollten, um Akzeptanz in der Gruppe und Familie zu finden. Im Laufe der Jahre haben Sie dann alles dafür getan, um die schmerzlichen Gefühle, ausgelöst durch Scham und Verlassenheit, zu verdrängen. Nun, da Sie viel stärker auf sich selbst schauen, werden diese Gefühle hervordrängen. So manches Mal werden Sie sich von ihnen überwältigt fühlen.

Wenn das der Fall ist, dann sollten Sie Folgendes tun: Sie müssen spüren, dass Sie traurig sind. Aber bitte machen Sie sich deshalb nicht runter. Sie sind nun ganz bei dem verletzten inneren Kind angekommen, und dieses Kind braucht *mehr* und nicht weniger Liebe. Stellen Sie sich ein süßes Zweijähriges vor und behandeln Sie sich mit der gleichen Zugewandtheit und Sanftmut.

Bitte beachten Sie auch, dass Sie sich in der Zeit, da Sie die notwendigen Schritte unternehmen und sich selbst schützen und stärken, sehr verändern werden. Doch ihr Einsatz *wird* sich auszahlen, und schon bald wird eine ganz neue Gruppe normaler hilfsbereiter Menschen in Ihr Leben treten. Also sorgen Sie sich nicht zu sehr um das Zwischenreich. Das geht vorbei. Alles, was Sie tun müssen, ist, sich auf Ihre Selbstheilung zu konzentrieren.

VII. KAPITEL

Das Vampir-Trauma überwinden

Nun, da Sie (hoffentlich) ein wenig Abstand zu Ihrem Energievampir gefunden haben und Sie nicht mehr so erschöpft sind, ist es an der Zeit, mit der aktiven Ablösung und Heilung zu beginnen, denn nein, allein eine Beziehung zu beenden, die einen erschöpft hat, ist nur ein Teil des Weges.

In der Tat spüren die meisten Menschen, die sich aus solcherlei Beziehungen lösen, Bedauern und Scham. Sie fragen sich, wie in aller Welt habe ich mich so lange für dumm verkaufen lassen? Das ist ganz normal. Halten Sie sich vor Augen, dass bis vor Kurzem nur sehr wenige die Dynamik der Beziehungen von Vampiren und empathischen Menschen verstanden haben. Unsere gesamte Kultur inklusive der Popkultur legitimiert verbale oder körperliche Angriffe auf Frauen (und Männer). Gehen Sie also nicht zu hart mit sich ins Gericht.

Jetzt geht es für Sie darum, voranzukommen. Zu genesen. Sie müssen lernen, sich der Leere zu stellen – der inneren Leere, die Sie damit auszufüllen versucht haben, den Vampir zu retten und ihn mit Ihrer Liebe, Aufmerksamkeit, Hingabe usw. zu versorgen. Sie müssen nun bereit sein, Emotionen und Trauer eine Zeit lang auszuhalten. Nur so können sie vergehen. Wenn Sie diese Gefühle nicht ansprechen, werden Sie wahrscheinlich schnell wieder in die nächste ungute Beziehung stolpern, die Sie beschädigen wird. Also fangen wir an.

Selbstvertrauen

Als Erstes müssen Sie lernen, wieder sich selbst zu vertrauen. Die Jahre, in denen man sie belogen und manipuliert hat, in denen man an Ihre Schuldgefühle appelliert und Sie an den Rand des Wahnsinns getrieben hat, haben womöglich Spuren hinterlassen und Ihre Fähigkeit zum klaren Denken in Mitleidenschaft gezogen.

Sandra Brown hat in ihren Arbeiten gezeigt, dass viele Frauen, die in Beziehungen mit Vampiren waren, tatsächlich das entwickeln, was man eine kognitive Dissonanz nennt. Ihnen fällt es nach Jahren der Manipulation schwer, klar zu denken. Und zwar buchstäblich. Erfahrene Vampire stellen sich selbst als Opfer hin, und wir sind die Bösen. Meine Freundin Carol, sie hat einen Doktor, hat kürzlich nach fast zwanzig Jahren Ehe mit einem Energievampir Schluss gemacht. In der heißen Phase hat sie mir immer SMS oder Sprachnachrichten geschickt, wenn sie sich am Rande des Wahnsinns fühlte. Weil ihr Mann in all den Jahren starke Selbstzweifel in ihr gesät hat und sie so gezielt verwirrt hat, musste sie sich versichern, dass sie nicht verrückt war. Immer, wenn sie anrief, konnte ich schon sagen, welche Taktik er gerade wieder versucht hatte. Doch vor allem habe ich ihr klargemacht, dass sie nicht verrückt war und dass ihr Bauchgefühl richtig war.

Doch viele Menschen haben in so einer Situation kein „Korrektiv" an ihrer Seite. Oft sind sie so auf den Vampir fixiert, dass sie niemanden mehr mit Bodenhaftung haben. Wenn man jahrelang manipulativen Taktiken eines Energievampirs ausgesetzt war, fängt man an, an seinem Wissen zu zweifeln.

Es gibt viele Möglichkeiten, am Selbstvertrauen zu arbeiten. Zu den besten Methoden gehören folgende:

Bilden Sie sich weiter. Obwohl es Vampire schon ewig gibt – und sie ihr Unwesen in Familien, Städten, Unternehmen und sogar ganzen Ländern getrieben haben –, ist es der Psychologie erst in den letzten 25 Jahren gelungen, ihr Verhalten zu beschreiben. Je mehr Sie sich über Vampire informieren, insbesondere über narzisstische Persönlichkeitsstörungen, desto schneller werden Sie sie erkennen. Das hilft, weil Sie auf diese Weise Ihre Erfahrung in einen größeren

Zusammenhang stellen können. Dabei werden Sie feststellen, dass Sie mit Ihrer Wahrnehmung genau richtig lagen und nicht Sie das Problem waren.

Im Internet gibt es recht viele gute Information über Menschen mit Persönlichkeitsstörungen und darüber, wie diese vorgehen. Die US-Amerikanerin Melanie Tonia Evans etwa unterhält einen YouTube-Kanal namens Thriver TV. Auch Dr. George Simon hat viele gute (englischsprachige) Interviews auf YouTube. Googeln Sie einmal „narzisstische Persönlichkeitsstörung" oder „narzisstischer Missbrauch" und Sie werden staunen. Lesen Sie die Beiträge von verschiedenen Leuten oder schauen Sie sich ihre Videos an, damit Sie sich ein Bild machen können. Auch hier geht es wieder darum, Bezüge herzustellen und zu einem neuen Selbstvertrauen zu gelangen. Angenehmer Nebeneffekt dieser Weiterbildung ist, dass Sie auch Tipps zur Ablösung und emotionalen Heilung bekommen.

Machen Sie den Faktencheck: So wie Carol in ihrer Ehe (und auch heute noch) mich hatte, brauchen auch Sie eine Person mit klarem Kopf, der Sie vertrauen und an die Sie sich wenden können, wenn Sie unsicher sind.

Sie brauchen unbedingt jemanden, der oder die die Situation klar erkennt. Am besten ist das eine gute Freundin oder ein guter Freund, der Sie gut kennt und der nicht von Ihrem Vampir eingewickelt wurde.

Trauen Sie Ihrem Bauchgefühl: Einer der Vorteile von uns hocheinfühlsamen Menschen ist, dass wir in der Tat sehr intuitiv sind. Unser Bauchgefühl sagt uns, was wirklich im Busche ist. Doch über die Jahre mit einem Energieräuber haben wir womöglich den Zugang dazu verloren. Wenn wir also spontan wütend auf jemanden oder eine Situation reagieren, sollten wir dem Beachtung schenken. Wut ist immer ein Zeichen dafür, dass ein Bedürfnis unerfüllt ist. Zu Beginn Ihres Selbstheilungsprozesses können Sie übungshalber einmal darauf achten, wie akkurat Ihr Bauchgefühl tatsächlich ist. Folgen Sie ihm bewusst. Aber nicht nur das. Prüfen Sie, ob die Person oder die Situation, der Sie ausweichen (oder begegnen wollen), sich so verhält bzw. darstellt, wie Sie es erwartet hatten. Schreiben Sie das auf. Führen Sie ein Bauchgefühl-Tagebuch. Schon bald werden Sie sehen, dass Ihr Bauchgefühl ein ziemlich guter Indikator für die wahre Stimmung in einer Situation ist.

Klopfen Sie sich immer wieder auf die Schulter: Wann immer Sie merken, dass Sie etwas gut machen, klopfen Sie sich auf die Schulter: „Ach, wie schön lege ich wieder die Wäsche zusammen. Ich mag den Anblick, wenn alles fertig ist." [*Schulterklopf*] Oder vielleicht: „Heute habe ich 15 Minuten meditiert. Ich finde es klasse, dass ich mir die Zeit genommen habe, etwas für mich zu tun. "[*Schulterklopf*] Oder: „Heute hab ich eine Fremde in der U-Bahn angelächelt – und wir hatten einen Moment wahrer menschlicher Verbundenheit: Das fand ich toll." [*Schulterklopf*] Oder: „Heute habe ich langsam und bewusst gegessen, der Geschmack war wunderbar. Ich kann supergut für mich sorgen." [*Schulterklopf*] Dieses Auf-die-Schulter-Klopfen kann real oder imaginär sein; wichtig ist, dass Sie das Gute in sich erkennen und Ihr Selbstwertgefühl stärken. Wieder zu lernen, sich selbst zu vertrauen, ist nicht mal eben so gemacht. Womöglich haben Sie Jahre hinter sich, in denen jemand systematisch Ihr Selbstvertrauen untergraben hat. Da können Sie nicht erwarten, dass es einfach mir nichts dir nichts wieder zurückkommt. Geben Sie sich Zeit und Unterstützung, während Sie Ihre Fähigkeit, klar zu sehen, wiedererlangen.

Lassen Sie den Vampir endgültig los

Ich weiß, dass es schwer ist, dies anzunehmen, zumal Sie sich so gern um andere kümmern. Aber Sie müssen damit aufhören, sich um das Wohlergehen des Vampirs zu sorgen. Auch wenn Sie schon körperlichen Abstand geschaffen haben – den Vampir nicht sehen, keine Anrufe annehmen, nicht in Kontakt treten –, brauchen Sie auch emotionale Grenzen. Ich kann Sie nun förmlich hören, wie Sie sagen: „Aber was passiert mit Soundso? Er ist auch nur ein Mensch, weißt du?" Wenn einer von fünf Leuten ein Vampir ist, wer kümmert sich dann um ihn?" Ich sag Ihnen etwas, meine Liebe, Vampire sorgen schon für sich. Verlassen Sie sich darauf. Noch nie habe ich einen Vampir „ohne" gesehen. Entweder wird in Rekordzeit wieder geheiratet. Oder jemand findet sich, der sich um ihn kümmert. Der Einzige, der dabei auf der Strecke bleibt, ist so jemand wie Sie. Also hören Sie auf, Ihr Leben an einen Vampir zu verschwenden. Kapiert? Und immer daran denken: Wenn Sie dieses Buch lesen, bedeutet das, dass die Lektion über Selbstwertgefühl und Selbstfürsorge, die Sie dadurch lernen mussten, dass ein Vampir Sie ausgesaugt hat, schon vorbei ist. Leider gibt es jedoch etliche, die diese Lektion nicht lernen, weil sie – das muss man auch mal sagen – nicht bereit sind. Sie werden sich weiterhin um die Vampire kümmern.

Holen Sie sich Unterstützung

Wenn wir nun den Stein ins Rollen gebracht haben und uns in der Phase der frühen Genesung befinden, dann brauchen wir dringend Unterstützung – und zwar nicht bloß von unseren „Faktenchecker"-Freunden. Hier kann die Hilfe eines Psychotherapeuten, spezialisiert auf narzisstische Persönlichkeitsstörungen und diesbezügliche Missbrauchserfahrung, sehr wertvoll sein. Dr. George Simon hat 1996 *Wölfe im Schafspelz* veröffentlicht. Damals verstand fast kaum jemand in der Psychologie etwas von Persönlichkeitsstörungen. Simon bietet seit mehr als 25 Jahren Workshops an und bildet Therapeuten aus, aber als er damit anfing, verließen diese oft seinen Unterricht. Sie konnten einfach nicht glauben, was er sagte, weil es allem zu widersprechen schien, was sie gelernt hatten und für was sie standen.

Obwohl wir heute besser dran sind, gibt es immer noch viel zu viele Therapeuten und Psychologen, die nicht wissen, wie Beziehungen zwischen Narzissten und hochsensiblen Menschen funktionieren, und was es braucht, um sich aus ihnen zu lösen. Wenn es Ihnen bislang nicht gelungen ist, sich von Ihrem vampirischen Partner zu trennen, und wenn Sie sich nun zu einer Paartherapie durchgerungen haben, achten Sie auf eine gute Therapeutenwahl. Es muss jemand sein, der weiß, wie man mit persönlichkeitsgestörten Individuen umgeht. Wenn das nicht der Fall ist, erliegt der Therapeut oder die Therapeutin womöglich den manipulativen Tricks des Vampirs und beschädigt Ihren Genesungsprozess. Ich habe zu viele Geschichten über Frauen gehört, die in der Therapie bloßgestellt wurden, weil die Therapeutin sich von einem charmanten, silberzüngigen Narzissten hat einwickeln lassen.

Deshalb ist es absolut wichtig, dass Sie die richtige Art Hilfe bekommen. Nur wenn Therapeut oder Therapeutin wissen, wie man mit Persönlichkeitsstörungen umgeht, was die Benennung und Konfrontation des Verhaltens als ersten Schritt mit einschließt, ist eine Therapie sinnvoll. Ansonsten ist sie im besten Falle nutzlos und schlimmstenfalls schädlich.

Fragen Sie sie direkt, was die Person über narzisstische Persönlichkeitsstörungen oder Borderline-Persönlichkeitsstörungen weiß. Ist sie von Ihrer Frage überrascht, suchen Sie sich jemand anderen.

Neben der therapeutischen Hilfe ist es wichtig, Menschen zu finden, die sich schon einmal in der gleichen Situation befanden wie Sie jetzt. Doch seien Sie vorsichtig, wenn Sie sich einer Selbsthilfegruppe anschließen, in der sich die Teilnehmer nur beklagen und selbst leidtun – eine Gruppe, in der „Unterstützung" gleichbedeutend ist mit dem Bekräftigen des Opferstatus der Teilnehmer. In solchen Gruppen machen die Leute keine Fortschritte. Sie bleiben im Schmerz der Beziehung gefangen. Oder sie kreisen wieder und wieder um den Vampir. Was Sie indessen suchen, ist Freiheit, Gesundheit und Freude. Sie wollen sich nicht ewig im Tanz zwischen Vampir und Empathiker im Kreis drehen. Wenn Sie sich als hilfloses Opfer begreifen, werden Sie nie herausfinden, was in Ihnen steckt.

Wenn Sie keine Selbsthilfegruppe finden, die sich direkt mit den Folgen narzisstischer Persönlichkeitsstörungen für Betroffene beschäftigt, können Sie es auch bei den Selbsthilfegruppen der Anonymen Alkoholiker oder solchen für Co-Abhängigkeit versuchen. Obwohl sich die AA-Gruppen an Menschen richten, die in einer Beziehung mit einem Alkoholiker stehen, ähnelt das Leben mit einem Alkoholiker von der Dynamik her sehr dem Leben mit einem Vampir. Jene möchten ihr Verhalten ändern, können es aber nicht. Sie aber haben sich völlig auf die Veränderung des anderen eingeschossen, damit Sie sich besser fühlen können. Unterm Strich: Sie sind machtlos angesichts ihres Verhaltens. (Das ist im Übrigen die Basis des 12-Schritte-Programms: „Wir gaben zu, dass wir … gegenüber machtlos waren." [Zutreffendes bitte einsetzen]) Gruppen für Co-Abhängigkeit richten sich an Menschen, die zwanghafte Abhängigkeit in ihren Beziehungen erlebt haben und nun versuchen, nachhaltige Beziehungen zu finden und zu gestalten.

Sandra Brown weist zu Recht darauf hin, dass Frauen mit Supereigenschaften definitiv nicht co-abhängig sind und auch nicht beziehungsabhängig. Ihre Ausstrahlung, ihre Güte und die Supereigenschaften werden schlicht missverstanden. Auch wurden sie bislang nie für ihre phasenweise Übermenschlichkeit gewürdigt. Daher werden Sie vielleicht feststellen, dass die 12-Schritte-Gruppen nicht ganz „den Nagel auf den Kopf treffen". Menschen mit Supereigenschaften sind buchstäblich „blind" für die Dunkelheit eines Vampirs.

Dennoch können diese Treffen hilfreich sein. Die Qualität der Gruppen ist unterschiedlich, vielleicht müssen Sie ein paar Gruppen ausprobieren, bis Sie die richtige gefunden haben. Und denken Sie immer daran: Es geht nicht um den Alkoholiker oder den Vampir. Es geht um Sie. Der Grund, warum 12-Schritte-Programme so hilfreich sein können, ist, dass hocheinfühlsame Menschen oft süchtig nach ihren vampirischen Partnern werden. Deshalb haben Sie ähnliche Probleme wie die Menschen, die an diesen Treffen teilnehmen. Ein weiterer Vorteil: Diese Treffen sind kostenlos und finden überall auf der Welt statt.

Energiemuster aufbrechen

Ein weiteres wichtiges Element bei der Lösung von einer traumatischen Vampirbeziehung ist die Läuterung, das Ablösen von alten, festgefahrenen Energiemustern. Diese rühren von unbewussten, unausgesprochenen Gefühlen her. Zwar fühlen wir empathischen

Menschen uns mit gut gemeinten Aktionen am wohlsten, etwa dem vorschnellen Vergeben oder dem Senden von Liebe in Richtung Vampir. Aber das sollten Sie nicht tun, weil es Ihren Genesungsprozess unnötig in die Länge zieht. Zuerst müssen Sie wirklich fühlen, wie schlecht es Ihnen geht und die Gefühle der Wut und des Schmerzes aus sich hinausbefördern. Dies tun Sie am besten, in dem Sie sie in einer geschützten Umgebung zulassen und sie zum Ausdruck bringen.

Eine Anruferin in meiner Radiosendung stand kurz vor der Scheidung mit ihrem Vampir, der sie mittellos zurückließ. Er, erfolgreicher CEO und eine „Stütze der Gesellschaft", hatte sich auf verdeckte Manipulation spezialisiert. Nach fast 20 Jahren Ehe brachte sie endlich den Mut auf, sich von ihm scheiden zu lassen. Sie rief an, um mir zu sagen, wie hilfreich meine Sendung mit Dr. George Simon in dem Zusammenhang für sie gewesen war. Dabei erzählte sie auch, dass sie mit einem von ihr sehr geschätzten spirituellen Heiler zusammengearbeitet habe. Denn leider litt sie immer noch regelmäßig an Speiseröhrenkrämpfen – eine Erkrankung, die vor Jahren begann, als sie den wahren Charakter ihres Mannes erkannt hatte. Auch sonst spürte sie oft ein flaues Gefühl in der Magengegend, doch die Speiseröhrenkrämpfe waren etwas anderes. Obwohl sie nur noch ganz selten Kontakt mit ihrem Vampir hatte, war mir klar, dass er immer noch seine „Enterhaken" in ihr hatte. Deshalb habe ich sie durch eine Phase der Prägungsentfernung geführt – weiter unten werde ich sie vorstellen –, ein Verfahren, das ich dem verstorbenen Peter Calhoun verdanke.

Peter Calhoun war zunächst Priester und wurde später Schamane. Bei dem Verfahren geht es darum, festgefahrene Energie körperlich zu erspüren und sich dann vorzustellen, dass der Vampir direkt vor einem sitzt und ihm oder ihr von den eigenen Gefühlen zu berichten. In diesem Zusammenhang habe ich die Hörerin ermutigt, sie solle es ihm richtig geben und (zu medizinischen Zwecken) laut sagen: „Jerry – you f**king bastard. Ich vergebe dir den Schmerz und das Leid, das du mir zugefügt hast. Ich schicke dich auf deinen Weg der Heilung." Das Schimpfwort war dabei zwingend, um die festgefahrene Energie körperlich zu lösen. Bald darauf verschwanden im Übrigen ihre Magenprobleme. Und ich bin sicher, dass auch die Speiseröhrenkrämpfe auf dem Weg der Besserung sind.

Prägungen rückgängig machen

Der Schamane Peter Calhoun hat ein Verfahren entwickelt, mittels dessen Menschen negative energetische Prägungen im Körper entfernen können.

Meiner Erfahrung nach ist dieses Verfahren sehr wertvoll, wenn es darum geht, ein Problem grundlegend zu bearbeiten. Am besten lässt sich die Entfernung negativer energetischer Prägungen zu zweit bewerkstelligen. Ich nenne sie hier Heiler und Person.

- Die Person, deren negative Prägung beseitigt werden soll, sitzt auf einem Stuhl, um den herum genug Platz ist, damit sich Heiler oder Heilerin frei bewegen können.
- Der Heiler fordert die Person auf, hineinzuspüren, wo im Körper die festgefahrene Energie sitzt. Oft ist das der Hals, das Herz oder der Solarplexus.
- Der Heiler „bereitet" nun das Heilfeld wie folgt vor: Er oder sie sagt: „Mit dem kobaltblauen Lichtschwert des Erzengels Michael trenne ich alle energetischen Verbindungen von (Name der Person) ab." Dann stellt sich der Heiler vor, wie er mit einem Schwert die energetischen Verbindungen um den Körper der Person herum zerschneidet. Wenn der Heiler medial veranlagt ist oder Energie wahrnehmen kann, sieht er oder sie gegebenenfalls Schwerter, Messer, Seile oder andere Gegenstände, die – als Energie – aus dem Körper der Person herausgetrennt und entfernt werden müssen. Das muss bewusst und konzentriert durchgeführt werden. Schon die Absicht allein erfüllt in der Regel den Zweck. Aber es macht auch Spaß, mit dem Schwert des Erzengels Michael herumzuspielen.
- Nun ist das „Feld" bereitet und die Person bereit für die Entfernung der negativen Prägung.
- Die Person stellt sich vor, wie ihr Vampir vor ihr sitzt, und spürt

dem Körpergefühl nach, das damit verbunden ist. (Übrigens, der Vampir kann jemand aus der Vergangenheit sein und sogar jemand, der gestorben ist. Die Prägung bleibt so lange erhalten, bis sie gelöscht wird.)

- Jetzt ermutigt die Heilerin oder der Heiler die Person dem Vampir (oder der Vampirin) genau zu sagen, was sie fühlt. Hier der Wortlaut: „(Name des Vampirs/der Vampirin) . . . Ich vergebe dir, dass (Zutreffendes eintragen) und sende dich auf den Weg der Heilung."

Je kraftvoller die Sprache und je stärker die Gefühle, die hier zum Ausdruck kommen, desto schneller wird die Prägung aufgehoben. Beispiel: „Mabel, du elende Schlampe, ich verzeihe dir, dass du mit meinem besten Freund geschlafen hast und mein Vertrauen missbraucht hast, und ich schicke dich auf den Weg der Heilung." Oder „Sam, ich verzeihe dir, dass du mich wegen einer anderen Frau verlassen und mich ohne Unterstützung für unsere Kinder im Stich gelassen hast. Du bist so ein Arschloch, ich schicke dich auf den Weg der Heilung." So in der Art gehen Sie vor, solange die empfundene Energie stark ist. Normalerweise genügen dabei ein paar kraftvolle Sätze.

Die Person sollte nun allerdings nicht noch mal und noch mal auf das gleiche Thema zu sprechen kommen. Wir haben es hier nicht mit einer Therapiesitzung zu tun, sondern es geht darum, die negative Energie aus dem Körper herauszubringen. Bei diesem Ritual sollten Sie es dem Vampir so richtig zeigen. Keine Halbheiten. Mit „nett sein" oder „politischer Korrektheit" kommen Sie hier nicht weiter.

Dass die Person ihre stagnierenden Gefühle im Körper identifiziert hat, kann man daran erkennen, dass sie emotionaler agiert. Tränen und Wut kommen ins Spiel. Denken Sie daran, der Satz lautet: „Gail (oder wer auch immer), ich vergebe dir, dass (hier setzen Sie das Richtige ein) und entsende Sie/dich auf den Weg der Heilung." Sie wollen diese Energie keinesfalls mehr haben. Nun ist SCHLUSS damit.

Nachdem die Person es dem Vampir so richtig gegeben hat – und ihn oder sie auf den Weg der Heilung geschickt hat – geht die Formel weiter mit: „Und ich vergebe mir dafür, dass (hier das Richtige eintragen)." Zum Beispiel „Ich vergebe mir, dass ich so lange bei dir geblieben bin, obwohl ich tief drinnen wusste, dass ich längst hätte Schluss machen sollen."

Bei der Selbstvergebung geht es vor allem darum, dass die Person ihren eigenen Anteil am Ganzen begreift. Dies ist oftmals für Genesung und Aufhebung der Prägung am wichtigsten.

Nun fährt der Heiler fort: „Bist du bereit, dein Verhaltensmuster der violetten Flamme zu übergeben?"

Wenn sich die Person inhaltlich damit in Ordnung fühlt, erwidert sie nun JA.

An dieser Stelle erinnert der Heiler die Person daran, zu sagen: „Ich wandle dieses Muster jetzt in die violette Flamme um."

Der Heiler stellt sich vor, dass die Person in einer violetten Flamme sitzt, und die ganze alte Energie aufgezehrt wird.

Dann fordert der Heiler die Person auf, ihm oder ihr zu sagen, wann das Gefühl (Druck in der Brust, Klumpen im Hals etc.) verschwunden ist. Dadurch weiß er oder sie, ob die Prägung gelöscht wurde. Manchmal braucht es mehr als einen Versuch.

(Anmerkung: Die violette Flamme ist eine Heilenergie, die allen Menschen zur Verfügung steht. Wenn Sie mehr wissen wollen, googeln Sie einmal „violette Flamme". Sie werden erstaunt sein, was Sie da alles erfahren.)

Sobald die Prägung aufgezehrt wurde, müssen Sie nun die entfernten Bereiche „auffüllen" und sie versiegeln. Tun Sie dies mit nachtblauem und goldenem Licht. Wörtlich sagt der Heiler: „Nun fülle ich die Leerstellen mit nachtblauem und goldenem Licht." Stellen Sie sich vor, wie Sie buchstäblich eigenhändig die Stellen, an denen Energie freigesetzt wurde, mit diesem Licht befüllen.

Schließlich fordert der Heiler die Person auf, sich auszuruhen. Das ist nötig, weil es sich um eine regelrechte psychische Operation handelt, die sehr wirkmächtig ist. Ich hatte schon viele Menschen, die nach der Entfernung einer negativen Prägung ein

Schläfchen machen mussten. Richten Sie sich darauf ein. Machen Sie das Entfernungsritual nicht, wenn Sie sich nicht hinterher ausruhen können.

Noch eine Sache: Sehr oft befördert die Entfernung einer Prägung weitere tiefer liegende Probleme ans Licht. Sollte das der Fall sein, leiden Sie nicht im stillen Kämmerlein. Es ist wichtig, die Prägung in der nächsten Schicht so schnell wie möglich zu entfernen. Auf diese Weise werden wir gesund – schichtweise!

VIII. KAPITEL

Tiefenheilung

Sich um die unmittelbaren Folgen einer Vampirbeziehung zu kümmern ist das eine und sicherlich wichtig. Dennoch müssen Sie sich auch um die tiefer gehenden Verletzungen kümmern, jene, die vielleicht aus der Kindheit stammen. Denn vor allem die sind es, die Sie für eine Beziehung mit einem Vampir anfällig machen. Deswegen ist es nun Zeit für eine emotionale Tiefenheilung, ein wichtiger Schritt auf dem Weg zu wahrer körperlicher Genesung.

Eigenliebe und Selbstachtung

Die meisten Menschen, die einen narzisstischen Missbrauch hinter sich haben, müssen an ihrem Selbstwertgefühl arbeiten. Während Energievampire eher zur Überlegenheit tendieren – sie glauben, dass sie besser sind als andere und die Welt ihnen zu Füßen liegt –, haben hochempathische Persönlichkeiten eher das, was der spirituelle Lehrer Matt Kahn ein „minderwertiges" Ego nennt. Das minderwertige Ego muss permanent an sich selbst zweifeln, um zu bestehen. Das ist also das genaue Gegenteil dessen, was wir gemeinhin als Egotrip bezeichnen, aber ein Egotrip ist es dennoch. Egos mit Minderwertigkeitsgefühlen ziehen ihre Energie daraus, dass sie sich ständig wegen irgendwelcher Unzulänglichkeiten schlecht machen und auf der Suche nach Dingen sind, die verbessert werden müssen. Wie Sie wissen, hatten wir hochempathischen

Menschen oftmals eine Kindheit, die uns Richtung Minderwertigkeitsgefühle gepolt hat. Und bei alten Seelen hat dies sogar schon viel früher in anderen Leben angefangen, was bedeutet, dass wir schon mit einem Minderwertigkeitsgefühl auf die Welt kommen. Oft werden die Bedürfnisse und Gefühle von hochempathischen Menschen in ihrer Jugend nicht gewürdigt. Wir spüren die seelischen Energieblockaden bei unseren Eltern und den Menschen in unserem Umfeld, und das ist nicht angenehm. Matt Kahn sagt dazu, dass wir nun eine folgenschwere Entscheidung treffen: „Um gemocht zu werden, muss ich sein wie sie." Und so passen wir unsere Schwingung an die ihre an, denn alles andere wäre noch schlimmer.

In einer narzisstischen Beziehung erfährt unser minderwertiges Ego beständig Zufuhr, was einer der Gründe ist, warum wir dabei bleiben. Das ständige Bestreben unseres minderwertigen Ego, seinen Wert zu beweisen, damit wir endlich „mithalten" können, ist die perfekte Mohrrübe für den Narzissten. Die hält er uns vor, während wir nach einem Ziel streben, das wir nie erreichen können, da sich die Rübe ja bewegt. Dabei spielt es keine Rolle, ob wir irgendwann Idealgewicht haben, gut aussehen, genug Geld verdienen, um es dem Narzissten recht zu machen. Wir werden nie „genügen", weder in seinen Augen noch in unseren.

Eine meiner Patientinnen gab offen zu, dass sie ihren Ex – sie war inzwischen nach einer Affäre von ihm geschieden – oft ansah und sich sagte: „Aber ich hab mich doch gebessert, oder?" Was sie meinte, waren ihr Gewicht und ihr Aussehen. Sie schaute ihn an, damit er sie bestätigte, aber so etwas macht ein Vampir grundsätzlich nicht. Eine andere meiner Patientinnen erzählte mir, dass sie auf der Beerdigung ihres Schwiegervaters von ihrem eigenen Vampirmann (von dem sie ebenfalls inzwischen geschieden ist) als sein „Goldmädchen" vorgestellt wurde. Sie arbeitete sich den Hintern für ihn ab, schickte ihn sogar auf exotische Abenteuertrips, um ihn glücklich zu machen. Sie war der Meinung, es würde ihm bei seiner „Depression" helfen.

Aber ich schweife ab. Der Punkt ist: Um uns vor dieser Verwundbarkeit zu schützen, müssen wir an unseren Minderwertigkeitsgefühlen arbeiten und unsere Komplexe nicht mehr bedienen. Allerdings geht das nicht mit dem Verstand, diese Arbeit ist eine Herzensangelegenheit. Wir müssen uns von der falschen Vorstellung der Minderwertigkeit lösen, auch wenn sie schon wer weiß wie lange besteht.

Um seelisch zu gesunden, müssen Sie mit Ihren Gefühlen in Kontakt kommen. In seinem Buch *How to Be an Adult in Relationships: The Five Keys to Mindful Loving* führt der Autor David Richo alle Eigenschaften an, die es braucht, damit eine Beziehung stark und erfüllend ist. Diese Eigenschaften nennt er die fünf As, abgeleitet vom englischen Attention, Appreciation, Approval, Affection und Allowing. Auf Deutsch sind das Aufmerksamkeit, Wertschätzung, Zustimmung, Zuneigung und Beachtung. In einer Beziehung, die von diesen Qualitäten geprägt ist, werden Sie erfahren, wie heilsam wahre Intimität ist. Sie werden sich dann gesehen, geschätzt, akzeptiert und für würdig erachtet fühlen.

Diese fünf Qualitäten unterstützen ein gutes Selbstwertgefühl und können das Gefühl der Wertlosigkeit nach und nach abtragen. Zum Glück müssen Sie nicht warten, bis jemand anderes dies für Sie tut. Die wichtigste Beziehung in Ihrem Leben ist nämlich die, die Sie zu sich selbst haben. Und deshalb sollten Sie auch damit anfangen. Die Heilerin und Fachfrau für Frauengesundheit Tami Lynn Kent hat für jede der fünf Eigenschaften ein wirksames Mantra entwickelt:

- Aufmerksamkeit: Ich sehe dich
- Wertschätzung: Ich schätze dich
- Zustimmung: Ich akzeptiere dich
- Zuneigung: Ich liebe dich
- Beachtung: Ich vertraue dir

Ich schlage vor, dass Sie dies jeden Morgen laut aufsagen, während Sie sich im Spiegel in die Augen schauen.

Nach circa drei Wochen werden Sie einen energetischen Unterschied bemerken, vielleicht auch schon früher. Und in Zukunft können Sie den Wert Ihrer Beziehungen daran messen, ob diese fünf Qualitäten vorhanden sind oder nicht.

All das zusammen ist Teil eines Lernprozesses, bei dem es darum geht, sich selbst mehr zu lieben und das Gefühl der Minderwertigkeit rückgängig zu machen. Nach einem Interview mit George Simon in meiner Sendung haben wir den Anruf einer Hörerin entgegengenommen. Diese hatte vor mehr als einem Jahr die Beziehung mit einem Energievampir aufgegeben und keinen Kontakt mehr zu ihm. Dennoch hatte sie immer noch mit Ihrer Eigenliebe zu kämpfen. Dr. Simon fragte sie, wie oft sie zu sich selbst halte – wie oft sie sich selbst Anerkennung, Wertschätzung und Zuneigung gab, wenn sie etwas gut gemacht hatte. Dabei stellte sich heraus, dass dies schon sehr lange her war. Dr. Simon bemerkte dazu, dass Menschen, die mit einem narzisstischen Elternteil aufgewachsen sind (und deshalb später oft von Vampiren angezogen werden), nicht wissen, wie es ist, einen helfenden Arm zu spüren, einen, der ihnen vermittelt, dass sie geschätzt und geliebt werden. Die Medizin der Wahl ist hier – im Unterschied zu einer therapeutischen Beziehung, der Beziehung zu einem Ehepartner oder guten Freund – die Selbstwertschätzung.

Achten Sie Ihren Schatten

Den inneren negativen Egotrip einmal umzudrehen ist ein sehr guter Ausgangspunkt, um unsere Minderwertigkeitsgefühle anzugehen. Doch das ist nicht alles. Wir müssen nämlich auch lernen, unseren Schatten zu respektieren – den Teil, den wir vor anderen verbergen, damit sie nicht merken, wie wir „wirklich" sind. Dazu gehören unsere Negativität, unser Kummer, unsere Eifersucht, Trauer und Wut. Solange wir die nicht anerkennen und respektieren, werden sie nie vergehen.

Matt Kahn erzählt in einem seiner YouTube-Videos eine sehr lustige Geschichte darüber, wie er mit seiner „I love you"-Strategie anfing. Die Strategie bestand im Wesentlichen darin, immer nur laut „Ich mag dich" zu sagen – wobei sich bei ihm prompt eine innere Stimme meldete und sagte: „Du kannst mich mal." Klar und deutlich. Das hat Matt die Macht des Schattens gelehrt, jener Teil in uns, der abgewertet, mit Schuld besetzt und ignoriert wurde – selbst wenn wir Wunschkinder waren. Der Teil von uns, der sagt: „Dieser Liebesquatsch hat noch nie funktioniert. Deshalb lasse ich es jetzt bleiben." Das ist das kleine verletzte Kind in uns allen. Wobei es einen Unterschied macht, ob dieses Kind einfach nur ein Teil von uns ist oder aber unser Leben bestimmt.

Der Weg, den Schatten zu respektieren, besteht darin, dem kleinen Kind da drinnen zu sagen: „Es tut mir leid, mein Kleines. Es tut mir wirklich leid, was dir zugestoßen ist." Und das aber auch wirklich ernst meinen. Der direkte Weg zum Göttlichen in uns besteht darin, sich um dieses innere versehrte Kind zu kümmern. Tun wir es nicht, wird es unser Hormon, Immun- und Nervensystem so lange traktieren, bis wir uns die Zeit nehmen, für seine Bedürfnisse zu sorgen und sie nicht länger hintanstellen.

Zum Respekt vor dem Schatten und der Sorge um das innere Kind gehört auch das, was ich vorhin schon angesprochen habe: sich selbst zu loben, wenn man es vermasselt hat. Wann immer Sie etwas tun, das Sie für einen Fehler halten – etwas verschütten, stolpern, einen Termin vergessen, traurig sind, wütend werden oder sich festgefahren fühlen – werden Sie aufmerksam und würdigen Sie das. Das ist so komisch, dass sich Ihre Stimmung sofort ändert. Hier ein Beispiel: Sie haben gerade etwas auf dem Tisch verschüttet. Nun sagen Sie zu sich: „Wow, super gemacht, das mit dem Milchverschütten. Man muss schon richtig gut sein, um mit einer Handbewegung so ein Durcheinander anzurichten." Oder Sie wachen auf und sind vielleicht traurig, weil Sie einsam sind. Dann sagen Sie sich: „Ich fühle mich traurig und einsam. Ich bin ein richtiger Burner. So gut traurig und einsam war ja wohl noch nie jemand."

Merken Sie was? Sie müssen lachen und Ihr Schatten zieht sich von allein zurück. Zumindest wird er weniger bestimmend. Wie das? Weil Sie ihn respektiert und anerkannt haben. Und weil Sie sich um Ihr inneres Kind gekümmert haben, das nie die Aufmerksamkeit, die es brauchte, bekommen hat.

Solange Ihr inneres Kind traurig, wütend, einsam oder ungeliebt ist, werden die alten Wunden durch Ihre Erfahrungen in der äußeren Welt immer wieder aufgerissen. Und solange das verletzte Kind die Schaltstelle Ihres Lebens einnimmt, sind Sie ein gefundenes Fressen für jeden Vampir.

In ihrem Buch *Repetition: Past Lives, Life, and Rebirth* lehrt die klinische Psychologin Dr. Doris E. Cohen, dass wir so lange die Muster unserer Kindheit wiederholen, bis wir dem inneren Kind mit Liebe und Verständnis begegnen. Hier nun die Kurzfassung dessen, was ich von Doris gelernt habe. Man nennt es die sieben Schritte der Wiedergeburt. Die können Sie immer dann gehen, wenn Sie sich durch ein äußeres Ereignis innerlich herausgefordert oder sich insgesamt unbehaglich fühlen.

- **Schritt 1 – Stopp:** Sagen Sie laut und deutlich „stopp" und stellen Sie sich dabei ein Stoppschild vor.
- **Schritt 2 – Atmen:** Atmen Sie tief durch die Nase ein. Achten Sie darauf, dass Ihre Arme und Beine nicht übereinandergeschlagen sind. Die Füße stehen parallel auf dem Boden. Halten Sie den Atem an, während Sie bis vier zählen. Atmen Sie dann etwas länger, als die Einatmung gedauert hat, wieder aus und zählen Sie dabei bis fünf. Halten Sie das Gesicht entspannt (Augenbrauen, Mundpartie).
- **Schritt 3 – Sagen Sie sich „Also gut, da bin ich mal wieder":** Machen Sie sich klar, dass Sie die Urheberin Ihrer Geschichte sind. Durch das „Also gut, da bin ich mal wieder" können Sie Ihre Geschichte leichter ohne eine Bewertung annehmen.
- **Schritt 4 – Denken Sie an irgendeine Zahl:** Nehmen Sie die erstbeste, die Ihnen in den Sinn kommt. Die Zahl entspricht dem Alter des inneren Kindes, dem Sie als Erwachsene im nächsten Schritt begegnen.
- **Schritt 5 – Dem inneren Kind begegnen:** Denken Sie sich eine geheimnisvolle magische Naturkulisse aus – einen Zaubergarten –, wo Sie Ihrem inneren Kind begegnen. Sie geben ihm Liebe und Rückversicherung. Beziehen Sie gegebenenfalls alle möglichen

Schutzengel mit ein. Beobachten Sie, was das Kind macht, ob es hervorkommt, sich Ihnen auf den Schoß setzt oder Sie umarmt.

- **Schritt 6 – Trennen Sie sich von dem Kind:** Versichern Sie dem Kind, dass es sicher, richtig und geliebt ist. Dann lösen Sie sich und lassen Sie es in der Sicherheit des Gartens bei den Engeln.
- **Schritt 7– Kehren Sie als Erwachsener in die Gegenwart zurück:** Sagen Sie Ihren Namen, das Datum und Ihren Aufenthaltsort auf, um sich als Ihr erwachsenes Selbst in der Gegenwart zu verankern, wach, erfrischt, belebt und erfüllt.

Nehmen Sie sich Zeit mit den einzelnen Schritten. Ein jeder steht für sich. Überspringen Sie keinen. Alle Schritte führen in der Begegnung mit Ihrem inneren Kind, über das Sichablösen und der Rückkehr als Erwachsener in die Gegenwart der Tiefenheilung.

Denken Sie daran, dass Sie sich bei jedem Besuch wieder neu von Ihrem inneren Kind ablösen MÜSSEN, da Sie sonst mit der verwundeten Energie verbunden bleiben.

In den folgenden 40 Tagen werden Sie merken, wie sich das Kind verändert und glücklicher wird. Sollten Sie einen Tag auslassen, müssen Sie die 40 Tage von vorn beginnen. Dadurch verstärken sich letztlich Ihre Motivation und auch die Wirksamkeit dieser Übung. Ich habe diese Übung im Laufe der Jahre immer wieder gemacht. Nach den ersten 40 Tagen können Sie kürzere Zeiträume für bestimmte Probleme einplanen. Einmal habe ich mein inneres Kind im Alter von 12 dreizehn Tage lang im Zaubergarten besucht, nachdem ich herausgefunden hatte, dass es da so einigen unerlösten Schmerz gab.

Bei einer anderen Gelegenheit, ungefähr fünf Jahre nach meiner Scheidung, ging ich ebenfalls in den Zaubergarten. Dort habe ich meine Ehe und den Schock der Scheidung angenommen und mich davon gelöst. Damals war mir, als hätte mir jemand ein Messer ins Herz gebohrt *und* mich auch noch erschossen. Als ich dazu eine Sitzung mit Doris hatte, meinte Sie, dass die Kugel noch da sei und die Stichwunde genäht werden müsse. Das alles visualisierte ich dann jeden Tag während der Übung. Als Chirurgin wusste ich nur allzu gut, wie ich mein blutendes Herz zu versorgen hatte. Am 40. Tag sprang die „Patientin" (mein früheres Ich) dann regelrecht vor Freude in die Luft. Allerdings hat sie auch oft während der 40 Tage einfach nur tief und fest geschlafen. Geradezu wie im Koma.

Die Übung mit dem Zaubergarten habe ich im Übrigen auch einer Anruferin meiner Radiosendung vorgestellt. Die Frau war seit 40 Jahren verheiratet, wobei ihr zunehmend klarer wurde, dass ihre Ehe eigentlich nicht trug. Der unmittelbare Grund ihres Anrufs aber war, dass sie wegen einer schmerzhaften Ischialgie am linken Bein meinen Rat wollte. Dabei erzählte sie mir, dass sie auf einer Farm aufgewachsen sei, einziges Mädchen unter fünf Brüdern. Als sie sieben Jahre alt war, hielt einer ihrer Brüder – selbst nur ein Jahr älter als sie – ihr linkes Bein, während ein anderer Junge sie vergewaltigte. Ihr einziger „Freund" war damals ein kleiner Hund, der ihr sehr viel bedeutete. Irgendwann, ebenfalls mit sieben, verschwand der Hund plötzlich und sie bekam heraus, dass ihm die Beine von einem Mähdrescher abgetrennt worden waren. Nun hatte sie ihren einzigen Freund verloren. Gemeinsam gingen wir die Übung des Zaubergartens durch, damit sie sich um ihre innere Siebenjährige kümmern konnte. Als ich sie fragte, ob sie das kleine Mädchen vielleicht in ihren Schoß locken wolle, brach sie in Tränen aus und sagte: „Ich weiß nicht, ob ich ihr Vertrauen gewinnen kann."

So etwas passiert gar nicht so selten. Durch schwere Traumen in der Kindheit kann ein Teil von uns das Vertrauen verlieren und wird aus unserem Bewusstsein verdrängt. Dennoch ist dieser unbewusste Teil sehr mächtig und übt so lange Einfluss auf unser Leben aus, bis wir ihm die Aufmerksamkeit, den Respekt und die Liebe schenken, die ihm gebührt. Aber keine Sorge. Im Laufe der Zeit – normalerweise genügt ein Zeitraum von 40 Tagen – wird dieses innere Kind allmählich anfangen, Ihnen zu vertrauen. Der Besuch im Zaubergarten wird dann jedes Mal schöner und tiefer.

In dem Fall der Hörerin sollte diese jeden Tag in den Zaubergarten gehen und ihre innere Siebenjährige allmählich dazu bringen, auf sie zuzugehen. Sie wollte ihr ihre Liebe zeigen. Jedes Mal würde sie sich wieder von diesem Kind trennen und in die Gegenwart zurückzukehren. Nach 40 Tagen konzentrierter Aufmerksamkeit wird die Erwachsene das kleine Mädchen überzeugt haben, dass es sicher und geliebt ist, dass der erwachsene Teil in der Lage ist, das Steuer zu übernehmen. Damit kann sich das Kind entspannen und Vertrauen schöpfen, eine Veränderung, die sich schließlich auch im äußeren Leben widerspiegeln wird.

Alte Wunden heilen

Nehmen Sie Ihren Schatten an und dann die Wunden der Vergangenheit, denn diese alten Verletzungen sind es, die diesen Schatten, die dunkle Seite überhaupt erst hervorrufen.

Als hochempathische Menschen haben wir womöglich früh gelernt, dass wir unser wahres Selbst nicht zum Ausdruck bringen dürfen. Dabei übernehmen wir als empathischer Mensch Verantwortung für Dinge, die nicht in unserer Verantwortung liegen. Auch geben wir alles, um andere aufzubauen und sie sich besser fühlen zu lassen, damit wir uns am Ende auch besser fühlen. Wir verbiegen uns aufs Äußerste, nur um in einer Art Überanpassung den drei archetypischen Wunden zu entgehen. Das sind, wie Mario Martinez herausgearbeitet hat, Scham, Verlassenheit und Verrat. Ängste, schmerzhafte Überempfindlichkeit und sogar Süchte entstehen dort, wo unsere eigene Wahrheit nicht zum Ausdruck und ans Licht kommen darf und wir uns ungeliebt und unsicher fühlen.

Zum Glück gibt es jedoch Mittel und Wege, um herauszubekommen, was in unserem Leben der heilenden Lösung bedarf. Menschen und Situationen, die Schuldgefühle in uns hervorrufen und uns verunsichern, zeigen uns die Richtung an. Was sollen wir machen, damit unsere alten Wunden uns nicht mehr so bedrängen? Meine Freundin Alice etwa hegte den Verdacht, dass sie eine Energievampirin in ihrer Arztpraxis angestellt hatte. Diese Person war wütend darüber, dass Alice sie nicht die Lehrworkshops durchführen ließ – sie sind ein wichtiger Arbeitsbereich ihrer Praxis –, obwohl sie ganz neu und Alice die Praxisinhaberin war. Sie warf Alice vor, „kontrollierend“ zu sein. In der Vergangenheit hätte sich Alice diese Kritik zu Herzen genommen und angefangen, an sich und ihrer Kompetenz zu zweifeln: „Oh je. Ist das wirklich wahr? Bin ich kontrollierend?“

Einmal abgesehen davon hatte Alice das alles schon mehrfach erlebt – eine Angestellte, die alles an sich riss und sich respektlos verhielt. Doch mittlerweile wusste sie, dass sie sich für nichts zu schämen brauchte beziehungsweise sich infrage stellen musste. Als hocheinfühlsamer Mensch – so wurde ihr klar – hatte sie sich für etwas geschämt, was eigentlich Aufgabe ihrer *Angestellten* hätte sein müssen. Ist doch wahr! Was für ein Mensch ist das, der eine neue Stelle antritt und gleich an allem und jedem etwas auszusetzen hat, arrogant ist und alles besser weiß als die Chefin? Wer untergräbt ein Vorhaben von Anfang an? Ganz richtig, ein Vampir. Jeder Psychiater und jede Pflegekraft, die etwas auf sich hält, weiß, wann wieder ein Borderliner auf der Station ist. (Und nicht wenige dieser Leute sind schlau und hochgradig funktional.) Richtig, das Pflegepersonal fängt Streit untereinander an. Davon nährt sich dieser Typus Vampir nämlich.

Irgendwann reichte es Alice, der erfahrenen Alternativmedizinerin. Sie hatte dieses Muster einfach zu oft in ihrer Praxis und bei dem Typus von Angestellter, die sie anzog, erlebt. Sowie ihr Selbstwertgefühl wieder stabil war und sie allmählich kapierte, wie Vampire vorgehen, wurde ihr klar, wie sie über den Tisch gezogen worden war. Allerdings hatten dabei auch ihre Minderwertigkeitsgefühle eine Rolle gespielt. Doch damit war nun Schluss. Anstatt sich schlecht zu fühlen, würde sie zukünftig sagen: „Ganz richtig. Dies ist meine Praxis und dies sind meine Lehrmaterialien und Sie können Gift darauf nehmen, dass ich darüber befinden möchte, wie sie unseren Kunden präsentiert werden.“ Ende der Durchsage.

Achten Sie darauf, wann Sie anfangen, sich unsicher zu fühlen und in welchen Situationen. Wann kommen Ihnen Selbstzweifel? Welche Art von Kritik bleibt an Ihnen haften und ruiniert Ihren Tag – egal, was Sie innerlich dagegenhalten? Welche Art von Person verleitet Sie zu so einem Verhalten? Einmal so betrachtet, gibt Ihnen Ihr Alltagsleben Aufschluss darüber, was der Lösung und Heilung bedarf. Zum Beispiel habe ich viele Jahre lang vor lauter Anpassung meine wirkliche Einstellung zu Gesundheit, Lebensfreude und Spiritualität vor meinen Mainstream-Kollegen zu verbergen versucht. Lernte ich einen Mann kennen und der sagte, er würde sich vor einem Treffen mal meine Website anschauen, wurde ich schon ganz nervös. Ich machte mir Sorgen, dass er unser Date vielleicht absagen würde, wenn er sah, wer ich wirklich war. Doch nichts dergleichen geschah. Im Gegenteil, die Männer waren immer beeindruckt und haben mich unterstützt. Schock. Das Problem lag also bei mir und hat sich mittlerweile in dieser Hinsicht gelöst. Aber das hat gedauert. Wie so viele hochempathische Menschen war ich regelrecht versessen, mein wahres Selbst zu verbergen, und versuchte stattdessen, mich durch Selbstdisziplin, harte Arbeit und Könnerschaft selbst zu erziehen. Komplett mit Fußnoten und allem Drum und Dran, und das nur, um mein Wissen unter Beweis zu stellen. Mittlerweile ziehe ich bestimmte Vampire nur noch selten an. Auch bin ich sofort in Kontakt mit meiner Wut, wenn man von mir erwartet, dass ich etwas ohne Gegenleistung tue.

Wir alle müssen lernen, wie wir in Kontakt zu unseren unerlösten – und oft unbewussten – Verletzungen der Verlassenheit, des Im-Stich-gelassen-Werdens, der mangelnden Eigenliebe, der Schuld und Scham kommen. Denn das sind genau jene Verletzungen, die Vampire anlocken – so wie das Blut die Haie. Doch Obacht: Vampire nähren sich auch von unseren Supereigenschaften, unserem nimmermüden Optimismus und unserer Großzügigkeit.

Dr. Mario Martinez hat festgestellt, dass es für alle drei archetypischen Wunden – Verlassenheit, Im-Stich-gelassen-Werden und Beschämung – ein entsprechendes heilsames Feld gibt, das uns Linderung verschafft.

Bei den heilsamen Feldern handelt es sich um Energien, die der Verletzung genau entgegengesetzt sind. Es sind im Übrigen genau die Charaktereigenschaften, über die wir hochempathischen Menschen im Übermaß verfügen. Diese sollten wir lieber annehmen, anstatt darauf zu warten, dass sich unser Umfeld ändert. In dem Moment, da wir unsere Verletzung erspüren und benennen und sie mit dem heilenden Feld verbinden, kann die Heilung beginnen. Fangen wir mit der Verlassenheit an. Das heilende Feld der Verlassenheit ist die bindende Verpflichtung. Wie oft haben Sie schon in einer schlimmen Lage ausgeharrt – möglicherweise lange nachdem alle anderen schon gegangen waren? Wenn Sie ein Mensch mit heilenden Kräften sind oder Kinder haben: Wie viele schlaflose Nächte haben Sie bei einem kranken Haustier oder einem kranken Kind gewacht und Gebete gesprochen. Wie oft haben Sie sich für das Gute stark gemacht? Nie haben Sie Ihren Posten verlassen. Darauf können Sie stolz sein. Halten Sie die Erinnerung daran wach und rufen Sie sie ab, wenn Sie vom Gefühl der Verlassenheit überwältigt werden. Ihr Einsatz für das eigene Weiterkommen ist mehr als ausreichend.

Als Nächstes kommt das heilende Feld für Im-Stich-gelassen-Werden. Das ist die Loyalität. Wie oft haben Sie sich persönlich für einen Freund eingesetzt, vielleicht auch Opfer eines Energievampirs? Oder sind einem Familienangehörigen in Not zu Hilfe geeilt? Schon oft, nicht wahr? Machen Sie sich bewusst, dass Sie diesen wunderbaren Charakterzug haben. Seien Sie stolz darauf und denken Sie daran, wenn Sie sich wieder einmal im Stich gelassen fühlen. Und: Verraten Sie sich nie, nie wieder.

Schauen wir uns schließlich die Beschämung an. Wenn Sie sich schämen – und sich wegen irgendwelcher vermeintlicher Mängel schlecht machen –, möchten Sie sich doch am liebsten verstecken. Niemand soll etwas mitbekommen. Sie versuchen sich in Perfektion, denn nichts ist schmerzlicher als Scham.

Das heilende Feld der Beschämung ist die Ehre. Denken Sie deshalb im Falle eines Schamgefühls sofort an etwas, das Sie getan haben und was Ihnen zur Ehre gereicht. Dadurch lässt sich die Energie der Scham verlagern, wobei eine ehrenhafte Tat an dieser Stelle sogar noch wirksamer ist. Selbst kleine Heldentaten erfüllen den Zweck. Vielleicht einer jungen Mutter mit ihrem Baby am Flughafen helfen oder einer Freundin, die gerade aus dem Krankenhaus nach Hause gekommen ist, eine warme Mahlzeit vorbeibringen. Nehmen Sie in Ihrem Tun das Ehrbare wahr und erzählen Sie vielleicht einer guten Freundin oder einem guten Freund davon, um sich ein wenig dafür loben und positiv spiegeln zu lassen. Sie sind ein guter Mensch. Sich klarzumachen, was an Ihnen ehrenhaft ist, darüber zu reden oder es zumindest zu spüren, wird Ihr Schuldgefühl verfliegen lassen.

Bei Gefühlen der Scham ebenfalls heilsam sind Licht und Humor. Da muss die Scham einfach weichen. Wollen Sie Schuldgefühle loswerden, dann müssen Sie reden – und zwar nicht nur über das, was Sie kompensatorisch ehrenhalber tun. Sie müssen die Schamgefühle selbst thematisieren, am besten mit einer guten Freundin, in einem Tagebuch und mit einem Therapeuten. Was immer Sie auch anstellen, um die Schamgefühle ans Licht zu bringen, es ist der erste Schritt in die richtige Richtung. Danach stellen Sie alles völlig auf den Kopf.

Was meine ich mit die Scham völlig auf den Kopf stellen? Ich meine damit, hinzuschauen und diese Gefühle anzunehmen. Zum Beispiel habe ich mich nach meiner Scheidung dafür geschämt, dass ich meine Ehe nicht habe halten können. Ich habe mir dafür selbst die Schuld gegeben und hatte überdies das Gefühl, das Leben meiner Töchter ruiniert zu haben. Dann hatte ich auch noch zwei Katzen aus dem Tierheim zu mir geholt. Damit war ich also quasi über Nacht die sprichwörtliche Singlefrau mittleren Alters mit Katzen geworden. Als ich meinen Schmerz und die Demütigung wahrnahm und darüber sprach, konnte ich allmählich diese ambivalenten Gefühle annehmen und akzeptieren. Dabei ging es auch darum zu verstehen, dass viele Menschen ähnliche Gefühle haben. Nur versucht die Gesellschaft, uns durch Stereotypen einzuordnen. Ja, ich war tatsächlich eine alleinstehende Frau mittleren Alters mit Katzen, aber ich war auch noch so viel anderes. Nachdem ich angefangen hatte, mich meiner Scham zu stellen und über sie zu sprechen, erfand ich mich völlig neu. Ich fing an, voll Stolz und mit Freude von oben auf der Bühne zu verkünden, dass ich eine „alleinstehende Frau mittleren Alters mit Katzen“ sei!

Eines der größten Hindernisse für hocheinfühlsame Menschen liegt in dem Umstand, dass wir Gefühle der Scham, der Verlassenheit und des Verrats durch andere verinnerlicht haben. Doch oftmals setzen wir uns selber zu, stehen nicht zu uns und geben uns auf. Allerdings nur so lange, bis wir das Muster erkennen und verstehen, wie ehrbar, engagiert und loyal wir in Wahrheit sind. Wir müssen lernen, wie wir diese verinnerlichten Gefühle der Scham, des Verrats und der Verlassenheit loswerden und sie als das erkennen, was sie sind – eine Lüge.

Es ist nie zu spät, sich im Zweifel für sich und die eigenen Bedürfnisse stark zu machen. Deshalb ist es nun an der Zeit, für sich einzustehen, für die eigenen Träume und die eigenen seelischen Bedürfnisse. Und zwar genau ab jetzt.

Ererbte Verletzungen heilen

In Kapitel 2 haben wir, Sie werden sich erinnern, davon gesprochen, dass das Trauma der Vorfahren in unserer DNA eingeschrieben sein kann und sich dadurch auf unsere Gesundheit oder unser Handeln auswirkt. Nun, das ist auch eine Verletzung, die der Heilung bedarf, und diese besteht darin, in den Schmerz und das Trauma der Vorfahren hineinzugehen. Man muss diesen Schmerz erfühlen und ausdrücken. Der verstorbene spirituelle Lehrer Stephen Levine nennt dies „den Schmerz, der den Schmerz beendet".

Erstellen Sie zunächst einen Stammbaum. Tragen Sie Ihre Eltern, Geschwister, Großeltern, Tanten und Onkel, Cousins und Urgroßeltern ein. Bringen Sie so viel wie möglich über alle in Erfahrung. War jemand geisteskrank oder in einer psychiatrischen Einrichtung? Wie steht es mit Familiengeheimnissen? Hat jemand eine Totgeburt erlitten? War jemand ein verurteilter Verbrecher? Ein Alkoholiker? Ein Suchtkranker? Gab es Kinder, die als uneheliche Kinder als Geschwister der eigenen Mutter aufgewachsen sind? (Dies war in der Vergangenheit oft der Fall, um eine Frau vor der Schande einer unehelichen Schwangerschaft zu schützen.) Ist jemand bei der Geburt gestorben? Hatte jemand einen schweren Unfall? Ist jemand im Holocaust ums Leben gekommen? Sie verstehen schon. Führen Sie sich vor Augen, dass Familientraumen in unsere DNA eingelassen sind und an uns weitergegeben werden. Wir hochempathischen Menschen sind ja besonders empfindlich gegenüber den ungeheilten Wunden unserer Vorfahren. Anstatt sie nun blind weiterzugeben, ist es besser, sie direkt anzusprechen.

Eine meiner Patientinnen, die ich Samantha nennen werde, hat die Übung gemacht, weil sie verstehen wollte, woher der sexuelle Missbrauch in ihrer Familie kam. Ihr Vater war ein Pädophiler. Sie wiederum war von ihrer Mutter gewarnt worden, nicht mit bestimmten Freundinnen zu spielen, die „sein Typ" waren. Offensichtlich hat also die Mutter diesen Mann in Samanthas Kindheit gedeckt –, wobei es Samanthas „Aufgabe" war, ihre Spielkameraden sorgfältig auszusuchen. Schließlich kam Samanthas Vater aufgrund seines übergriffigen Sexualverhaltens ins Gefängnis. Er wurde für schuldig befunden, ein Mädchen aus der Nachbarschaft missbraucht zu haben, genauso wie er auch Samanthas Schwester missbraucht hat. Samanthas Mutter hat ihn schließlich auf Kaution aus dem Gefängnis geholt und ihn weiter gedeckt.

Samantha hatte also erkannt, dass sexuelle Übergriffigkeit ein Problem in ihrer Familie war – tatsächlich auf beiden Seiten – und hat sich gedacht, sie könne ihre eigenen Kinder schützen, indem sie einen bekannten Arzt heiratete. Sie bekamen zwei Töchter. Doch aller Übervorsicht zum Trotz endete es doch damit, dass ein gewiefter Kollege ihres Mannes eine der Töchter sexuell missbrauchte. Das andere Mädchen wurde mit 16 Jahren unter vorgehaltenem Messer vergewaltigt.

Samantha wusste zunächst gar nichts von der Macht des vererbten Traumas, zumindest so lange nicht, bis sie nach einem leichten Herzinfarkt im Alter von 52 Jahren zum ersten Mal zu mir kam. Danach war sie fest entschlossen, nicht nur ihren Körper, sondern auch ihr Leben zu retten.

Der Stammbaum war für sie ein Muss, weil sie mehr über ihre Familiengeschichte erfahren wollte. Das Ganze einmal mit eigenen Augen vor sich ausgebreitet zu sehen, war nötig, um die Familienkonstellation zu verstehen. In gewisser Weise konnte sie danach ihren Frieden machen. Sie hat erkannt, dass das Einzige, was ihr blieb, das Wahrnehmen war – ihren Zorn zu spüren, ihre Traurigkeit, die Verzweiflung und den Schrecken, den Schmerz und das Mitgefühl. All das musste sie am eigenen Leib spüren, um verzeihen und loslassen zu können. Samantha war sehr christlich geprägt und hatte eine sehr starke Bindung zur Muttergottes, was ihr bei alldem sehr geholfen hat. Ob Sie es glauben oder nicht, sie ist in gewisser Weise eine glückliche und erfüllte Frau. Die Töchter haben viel von ihrer Klarheit und ihrem Frieden profitiert. Sich selbst zu vergeben, weil sie ihre Schwester oder ihre Töchter nicht beschützt hat, war dabei der größte Schritt auf dem Weg der Heilung. Beim Durcharbeiten des Schmerzes hat sie erkannt, dass sie als junge Mutter weder die Mittel noch die Unterstützung ihrer Familie, geschweige denn das Wissen hatte, um den Missbrauch zu verhindern. Obwohl dies ein sehr dramatisches Beispiel für ererbtes sexuelles Trauma und übergriffiges Verhalten ist, trifft es sicherlich den Kern.

Entscheidend ist Folgendes: Wenn wir etwas benennen können, können wir es auch eher ändern. Auf einer energetischen Ebene und auch sonst war der Bearbeitungsprozess von Samantha nötig, um das Muster aufzulösen. Keine ihrer Töchter bekam Kinder, und somit wird dieses Erbe auch nicht mehr weitergegeben. Eine ziemlich krasse Art, ein Muster zu durchbrechen – man möchte es nicht unbedingt erleben.

Zum Glück gibt es einen einfacheren Weg: Nehmen Sie Ihr Erbe an, das Gute darin, das Schlechte, das Hässliche. Ich kann mich noch erinnern, wie ich herausfand, dass es in meiner Familie auf beiden Seiten Alkoholiker gab – und wahrscheinlich auch Narzissmus. Damals habe ich erkannt, dass ich wie viele Enkel von Alkoholikern bestimmte Eigenschaften hatte: Perfektionismus, die Tendenz, es immer allen recht zu machen und einen Eiertanz um die unterschwelligen Emotionen anderer zu veranstalten – genau die Eigenschaften eines hochempathischen Menschen. Ich habe hier sehr viel Therapiearbeit geleistet und mich an meine Muster der Überkompensation und des Schönredens herangemacht, beides Muster, die bei meinem Vater sehr ausgeprägt waren. Er war ein Meister darin, die Dinge zu glätten, den rechten Weg zu gehen, optimistisch und lustig zu sein – jedenfalls oft. Mit der Zeit habe ich zumindest die Muster abgelegt, die mich Zeit gekostet und meiner Gesundheit geschadet haben. Heute sage ich viel eher einmal Nein. Und ich nehme mir Zeit für mich. Diese bewusste Veränderung hat bei anderen Familienmitgliedern ebenfalls geholfen. So konnte ich nicht nur meinen Geschwistern helfen, sondern auch Nichten und Neffen, dunkle Muster, die in der Familie weitergegeben wurden, zu durchbrechen.

Um uns von unserer Vergangenheit zu lösen, müssen wir uns zuerst über das Dunkle in uns klar werden. Ein Licht darauf zu werfen ist der erste Schritt. Danach kommt die unbedingte Selbstannahme und in einem weiteren Schritt die Verhaltensänderung, falls nötig. Somit läutern wir gewissermaßen unser Erbteil.

Sich des eigenen Erbes bewusst zu sein, bewahrt Sie vor der gedankenlosen Wiederholung – dem, was C.G. Jung als die unbewussten Muster bezeichnet, die uns als Schicksal begegnen. Ich habe alles in meiner Macht Stehende getan, um diese Dinge nicht nur zu meinem eigenen Wohl zu ändern, sondern auch für das meiner Töchter und Enkelkinder.

Supermacht Empathie

Sobald wir gelernt haben, dass mit uns alles in Ordnung ist, sobald wir bei unserem Schmerz bleiben und das verletzte innere Kind annehmen, uns um es kümmern und seinen Schmerz lindern, sind wir nicht mehr auf die Bestätigung anderer angewiesen. Dann müssen wir anderen nicht mehr gefallen, um uns sicher und verbunden zu fühlen. Dann kann uns nichts mehr aufhalten. Nicht weil wir nicht mehr einfühlsam wären – das geht nie weg –, sondern weil wir endlich „kapieren", wie Energie funktioniert. Weil wir nun wissen, wer wir sind – himmlische Leuchttürme auf Erden. Doch die sind wir solange nicht, solange wir uns von anderen abhalten lassen. Das ist das eine. Aber es gibt noch etwas anderes.

Durch das Licht, das wir buchstäblich verkörpern, weicht die Dunkelheit zurück, wobei sie versucht, uns zu Fall zu bringen. Sie macht, dass wir an uns selber zweifeln und am liebsten alles beim Alten lassen. Schauen wir noch einmal auf die Sicherheitsbeamtin am Flughafen LaGuardia. Diese Frau und ihr Kollege waren Lichtjahre von Licht, Mitgefühl und Liebe entfernt. Und als einfühlsamer Mensch konnte ich das spüren. Und zwar regelrecht körperlich. Ganz unmittelbar. Das Energiegefälle zwischen uns war extrem. Dann habe ich meine Aufmerksamkeit anderen Dingen, Erbaulicherem zugewandt. Dabei habe ich die ganze Zeit gemerkt, dass meine bloße Anwesenheit der Energie dort zuträglich war.

Darum geht es: Wenn ein anderer Mensch gänzlich abgetrennt ist von Wohlbefinden und Freude, hat das auf gar keinen Fall etwas mit Ihnen zu tun. Sie haben das weder angezogen, noch sind Sie dafür verantwortlich. Das Einzige, wofür Sie verantwortlich sind, ist Ihr eigenes Energiefeld. Und wenn Sie lernen, darauf zu achten – und nur darauf –, dann sind Sie frei. Ganz simpel eigentlich, aber nicht ganz leicht.

IX. KAPITEL

Was uns gesund macht

Mittlerweile haben wir viel über die Heilung unserer Gefühle gelernt. Nun wollen wir uns mit den körperlichen Aspekten beschäftigen. Ganz gleich, ob Sie mit einem Vampir zusammenleben oder nicht, müssen Sie wissen, dass man viel für seine Gesundheit tun kann und sich „vampirabweisender" machen kann.

Bevor wir zu den Übungen im nächsten Kapitel kommen, möchte ich Sie daran erinnern, dass es beim körperlichen Wohlergehen um weit mehr als gute Ernährung und ausreichend Bewegung geht. Ich habe im Laufe der Jahre genug Menschen behandelt, die sich quasi perfekt ernährt haben – alles bio und so –, und die doch immer krank waren. Auch Menschen, für die Bewegung eine quasi religiöse Bedeutung hat, sind nicht gefeit davor. Umgekehrt kennen wir alle Menschen um die 90, die sich bester Gesundheit erfreuen, obwohl sie rauchen und Alkohol trinken. Ganz zu schweigen, dass sie sich um Ernährungspläne und Sport kümmern.

Wie passt das nun alles zusammen? Es kommt darauf an, wie man seine Lebensenergie nutzt. Und wie gut man das, was Dr. Mario Martinez „die Aspekte der Gesundheit" nennt, beherzigt:

1. Positiv verstärktes Denken: positive und erhebende Gedanken denken und nach guten Nachrichten Ausschau halten.

2. Erhabene Gefühle: starke Gefühle empfinden; sich mit Dingen beschäftigen, die einem Freude, Inspiration, Lust, Ehrfurcht, Liebe, Hingabe und Vergnügen bescheren.

3. Gerechter Zorn: Hier ist berechtigter Ärger gemeint, dem man ausdrücken soll, wenn man selbst oder ein anderer grundlos schlecht behandelt wurde.

Ich würde noch einen vierten Aspekt zu dieser Liste hinzufügen:

4. Expressive Gefühle: Gefühle – egal ob gute oder schlechte – nicht so lange unterdrücken, bis sie als körperliche Erkrankung in Erscheinung treten. Obwohl es hier Ähnlichkeiten zu Punkt 3 gibt, finde ich doch, dass alle Gefühle ausgedrückt werden sollten.

Positiv verstärktes Denken

Der Begriff des positiven Denkens ist ziemlich einfach. Sicherlich haben Sie schon den Satz gehört: „Wähl den Gedanken, der sich besser anfühlt." Einfacher geht's nicht, oder? Allerdings ist das nicht immer ganz leicht. Hier der Weg: Nehmen wir an, Sie haben sich für einen Job beworben, den Sie unbedingt wollen, und nun machen Sie sich Gedanken, dass Sie ihn nicht bekommen. *Es gibt so viele Menschen, die qualifizierter sind als ich. Beim Anschreiben war ich nicht in Form. Ich habe keine Chance.* Bei der Gedankenkontrolle – und hier wird es knifflig – müssen Sie sich davon abhalten, sich ganz in die Negativität zu stürzen. Sobald Sie die Negativität erkennen, ersetzen Sie negative Gedanken ganz bewusst durch positive. Ein Beispiel wäre *Nun, jemand muss diesen Job bekommen. Warum also nicht ich?* Oder *Wenn ich diesen Job nicht bekomme, bedeutet das, dass es etwas Besseres für mich gibt.* Sie verstehen schon. Und ja – das Ganze erfordert Übung, denn 90 Prozent unserer Gedanken stammen, wie schon gesagt, aus unserem Unterbewusstsein und der Kindheit oder sind sogar noch älter. Und diese Gedanken sind überwiegend negativ.

Hier zeige ich Ihnen eine Methode zur Veränderung eingefahrener Denkmuster. Setzen Sie sich dazu hin und stellen Sie sich etwas vor, das Sie wirklich gern wollen. Schreiben Sie alle Gründe auf, warum Sie denken, dass Sie das Gewünschte nicht haben können. Etwa im Falle eines Beziehungswunsches: *Ich bin nicht hübsch genug.* Oder *Ich bin zu eigen.* Oder *Ich kann mir nicht vor-*

stellen, dass sich jemand in mich verliebt. Machen Sie sich mit Ihren Denkmustern, die hochkommen, vertraut. Das ist zunächst einmal alles. Lauschen Sie Ihrem inneren Dialog. Schreiben Sie ihn auf. Je aufmerksamer Sie sind, desto eher werden Sie die Seltsamkeiten bemerken, und das ist der Ausgangspunkt, sie zu stoppen. Auch wenn Sie nicht vom jeweiligen Gegenteil überzeugt sind, können Sie doch verhandeln. Vergleichen Sie Ihre Annahmen einmal mit der Wirklichkeit. Sind Sie wirklich nicht hübsch genug, um eine Beziehung zu haben? Nein, das sind Sie nicht. Schauen Sie sich nur einmal um.

Was die negativen Gedanken angeht, können Sie es auch mit einer Umdeutung versuchen und sich für Ihre negativen Gedanken loben und sie positiv bewerten. Ich habe diese Methode von dem spirituellen Lehrer Matt Kahn gelernt. Sie ist vergleichbar mit dem, was wir in Kapitel 6 mit den Schuldgefühlen gemacht haben. Also nehmen wir an, Sie haben sich dabei ertappt, wie Sie denken, zu hässlich oder zu alt für eine Beziehung zu sein. Anstatt nun mit sich zu verhandeln oder den Faktencheck zu machen, sagen Sie einfach: „Wow, herzlichen Glückwunsch! Das hat noch keiner gedacht! Toll gemacht!" Sie machen sich also nicht runter, sondern denken einfach positiver.

In meiner Hay-House-Radiosendung habe ich diese Methode immer dann angewandt, wenn Leute mir von ihren Sorgen in Sachen Gesundheit, Zukunft, Beziehungen oder Kindern berichtet haben. So wird aus Negativität quasi im Handumdrehen etwas Positiveres, und natürlich kommt hier auch der wunderbare Humor ins Spiel. Sobald Sie sich beim Negativdenken ertappen, loben Sie sich dafür, wie gut Sie das machen. Klappt super.

Das Allerwichtigste jedoch ist, dass Sie sich nicht bewerten. Die Gedanken einfach nur wahrnehmen und akzeptieren. Sie einfach nur zu ignorieren hieße, sich gegen sie zu stemmen – so zu tun, als gäbe es sie nicht. Doch was wir ablehnen, das bleibt. Unsere Gedanken haben wir nicht ohne Grund. Negative Gedanken entstehen aus unserem Schattenselbst, den verleugneten Anteilen, wegen derer wir vielleicht bewertet wurden und deshalb meinen, sie verstecken zu müssen. Oftmals sind wir uns ihrer nicht einmal bewusst. Je mehr man sich wegen negativer Gedanken schlecht macht, desto eher verfestigen sie sich.

All unsere Gedanken haben jedoch auch einen Unterton. Und deshalb haben Gedanken und Worte, die von Schönheit, Mitgefühl, Humor und Inspiration geprägt sind, eine bessere körperliche Resonanz als Worst-Case-Szenarien wie *Alle in meiner Familie bekommen Krebs. Es ist nur eine Frage der Zeit, bis ich auch so weit bin.* Oder *Alle guten Männer sind vergeben. Ich werde wohl für den Rest meines Lebens ein Single sein.*

Positiv verstärktes Denken heißt aber auch, gezielt nach guten Nachrichten Ausschau zu halten. Deshalb sollten Sie sorgfältig alle Literatur, alle Filme und Medien auswählen, die Sie konsumieren, egal ob sehend, hörend oder lesend. Genau wie unsere Gedanken hat jeder Ton, den wir hören und jedes Bild, das wir sehen, seine eigene Schwingung.

Die physikalische Wirkung von Worten und Bildern wurde sogar schon experimentell nachgewiesen. Ein Artikel, 1988 in der Zeitschrift *Psychology & Health* veröffentlicht, berichtet von einer Studie, durchgeführt von David C. McClelland aus Harvard und Carol Kirshnit von der Loyola University Chicago. In der Studie hat man Medizinstudenten zwei verschiedene Filme gezeigt und jeweils anschließend den Antikörperspiegel des Immunglobulins A im Speichel gemessen. Der IgA-Spiegel entspricht der Stärke unseres Immunsystems: Hohe Werte stehen für eine starke Immunantwort, niedrige Werte sind Anzeichen einer schwachen. In dem Experiment wollte McClelland wissen, ob das bloße Beobachten und Hören bestimmter Inhalte die Immunantwort beeinträchtigen kann. Der eine Film handelte vom Krieg, der andere von Mutter Teresas Arbeit in Kalkutta.

Nachdem die Studenten die Zerstörungen des Krieges beobachtet hatten, brach ihr Immunsystem ein. Dagegen stiegen ihre Antikörperspiegel, und zwar ebenso bei den Studenten ohne irgendwelche spirituellen Neigungen, nachdem sie Mutter Teresa gesehen hatten. Also reagiert ein Körper auf das Lebensbejahende und auf nachhaltige zwischenmenschliche Beziehungen – alles Dinge, die das Leben lebenswert machen.

Üben Sie sich in einer positiven Geisteshaltung und schauen Sie Filme oder Sendungen, die Sie aufbauen. Auch Ihre Bücher sollten in irgendeiner Form aufbauend, spannend oder lustig sein. Entwickeln Sie Medienkompetenz und behalten Sie auch die finanziellen Interessen privater Anbieter im Hinterkopf. Bedenken Sie ferner, dass das Dunkle sich von Ihrer Wut und Ihrem Ärger nährt, und hören Sie auf, es zu bedienen. Das heißt nicht, dass Sie den Kopf in den Sand stecken. Es heißt nur, dass Sie bestimmen, was Zutritt zu Ihrem Körper, Ihrer Seele und Ihrem Herzen hat. Werden Sie eine Kraft für das Gute – und kein Rädchen in einem Apparat, angetrieben von Angst, Gier und Ohnmacht.

Erhabene Gefühle

In seinem Buch *Lebe dein Leben, bevor es andere für dich tun* beschreibt der Psychologe Dr. Gay Hendricks unsere gefühlte „Obergrenze", was Freude, Glück und andere schöne Gefühle angeht. Familie und Gesellschaften mahnen uns, dass es eine Grenze dessen gibt, was wir an Schönem erleben dürfen.

Zweifellos haben Sie auch schon Leute sagen hören: „Das geht da drüben aber ein bisschen zu weit", wenn irgendwo laut gelacht wird und man sich amüsiert. Oder „Verrenken Sie sich nur nicht den Arm beim Sich-selber-auf-die-Schulter-Klopfen" oder „Eigenlob stinkt". Das zeigt nur, dass wir – und gerade die hochsensiblen Menschen – schon früh lernen, unsere Freude zu deckeln, damit andere sich in unserer Gegenwart nicht gestört fühlen. Instinktiv wissen wir, dass Menschen, die zur gleichen Zeit nicht so gut drauf sind wie wir, sich dann durch unsere gute Laune irritiert und unbehaglich fühlen.

Mit der Zeit meinen wir dann auch, dass es tatsächlich so etwas gibt wie „zu viel Spaß haben". Dann bleiben uns nur noch kulturell zugelassene Drogen oder Alkohol, um die hemmenden Schaltkreise im Frontallappen unseres Hirns außer Kraft zu setzen.

Die Wahrheit ist, dass wir mit einem Riesenpotenzial an Freude und Vergnügen auf die Welt kommen. Beobachten Sie einmal Zweijährige, wenn Sie das nicht glauben wollen. Vor einiger Zeit bin ich mit meiner damals 20 Monate alten Enkelin spazieren gegangen. Auf dem Weg kamen wir auch an einer fein geschwungenen Holzbrücke vorbei, die sich leicht über den Weg erhob. Meiner Enkelin machte es einfach Freude, immer und immer wieder von der kleinen Brücke auf den Weg zu springen, wobei sie jedes Mal „Achtung, fertig …" ausrief und dann sprang. Allein das zu sehen, hat schon meine Laune gehoben. Mir fiel ein, dass ich vor ewigen Zeiten so gern unter Wasser Purzelbäume in dem Teich auf unserer Farm gemacht habe, wo ich aufgewachsen bin. Damals verbrachte ich einfach – wie ich es nannte – endlose Zeit im Wasser und genoss die Sonne, das Wasser und die Freude an der Bewegung.

Im Laufe der Jahre ist mir jedoch die Fähigkeit abhandengekommen, mich in der endlosen Zeit zu verlieren und nur im Augenblick zu leben. Zum Glück habe ich das wieder gelernt. Und das können Sie auch. Das ist unsere angeborene Fähigkeit.

Wir alle haben eine Begabung für Freude und Vergnügen. Aber man muss sie auch erst einmal spüren. Fangen Sie also an, darauf zu achten, wann Sie sich glücklich oder fröhlich fühlen. Genießen Sie den Moment, wenn Sie etwas Besonderes erleben. Suchen Sie gezielt nach Dingen, die Ihnen Freude bereiten. Achten Sie auf die Schönheit der Blumen. Was empfinden Sie, wenn Sie einen wunderschönen Blumenschmuck sehen? Oder bei Musik? Für mich gibt es nichts Schöneres, als Musik zu hören – oder sogar selbst zu spielen. Oftmals verschieben wir Freude und Vergnügen auf „später", wenn mehr Zeit ist. Die Sache ist nur, dass man sich die Zeit nehmen muss. Schöne Gefühle zu empfinden, erfordert überhaupt keine Zeit. Man muss einfach aufmerksam sein für die Freude und Schönheit, die einen umgibt.

Ich empfehle Ihnen, schöne Gefühle zu einem ganz normalen Bestandteil Ihres Tages zu machen. Legen Sie eine Playlist an mit Musik, die Ihre Seele berührt, und hören Sie zum Beispiel ein paar Songs vor dem Schlafen. Ich etwa höre gern Lee Carrolls Kanal

Kryon auf YouTube. Darüber hinaus höre ich mir auch Matt Kahns YouTube-Vorträge an. Auch bin ich ein großer Fan von TED-Talks, weil sie immer inspirierend und erhebend sind.

Eine weitere sehr praktische Möglichkeit, sich in guten Gefühlen zu üben, ist, Affirmationen aufzuschreiben und nach dem Aufstehen oder vor dem Schlafengehen laut aufzusagen. Dabei geht es nicht darum, sie einfach nur herunterzubeten. Lassen Sie sich richtig auf sie ein. Spüren Sie sie. Werden Sie zur oscarprämierten Schauspielerin Ihres Lebens. Sprechen Sie die Worte so, als ob sie im Augenblick wahr wären. Das allein wird Ihnen schon eine höhere Schwingung verleihen. Oder wie Michael Beckwith vom Agape International Spiritual Center in Culver City, Kalifornien, zu sagen pflegt: „Affirmationen machen nichts. Sie laden ein." Hier ein Beispiel: „Ich bin ein strahlendes und starkes menschliches Wesen. Ich empfinde Freude und Vergnügen. Ich ziehe das Gute an." Wenn Sie sich das sagen und Ihnen dann etwas Gutes passiert, werden Sie merken, wie es wirkt. Ich schlage vor, Sie schreiben es sogar auf und finden den Mut, Ihr Glück oder Ihr schönes Gefühl mit jemand anderem zu teilen, der Sie darin bestärkt. Denken Sie daran, dass Selbstwertgefühl auch dadurch entsteht, dass man für das Gute, was einem widerfährt, von anderen bestärkt wird.

Durch die guten Gefühle und die positive Einstellung werden Sie mit der Zeit ganz andere Menschen anziehen, solche, mit denen Sie Ihr Glück unbeschwert teilen können, Menschen, die Sie bestärken, bestätigen und nicht herunterziehen. Auf diese Weise wird sich Ihr Leben positiv verändern. Sie müssen Ihr Licht nicht länger unter den Scheffel stellen, nur damit sich andere gut fühlen. Denken Sie an den alten Spruch: „Wenn wir unser Licht herunterdimmen, wird auch die Welt dunkler." Machen Sie das Gegenteil: Strahlen Sie umso heller!

Noch ein Tipp. Gay Hendricks hat sich das sogenannte „ultimative Erfolgsmantra" als guten Start in den Tag ausgedacht. Dabei sagen Sie sich jeden Morgen beim Aufstehen Folgendes: „Jeden Tag wachse ich mehr in die Fülle, in den Erfolg, in die Liebe. Ich ermutige andere, es mir gleich zu tun." Dieses Mantra wirkt auf das

Unterbewusstsein, weil dieses sich dem Wort *wachsen* beim besten Willen nicht verschließen kann. Es folgt einfach den Anweisungen. Fügen Sie ein, was wachsen und mehr werden soll – Gesundheit, Kraft oder Schönheit, ganz wie Sie möchten. Irgendwann wird sich die vermeintliche Obergrenze Ihrer guten Gefühle lüften, und Sie werden noch viel schönere Empfindungen haben. Bedenken Sie jedoch bitte auch, dass unsere Empfindungsfähigkeit im Schönen an unsere Bereitschaft gebunden ist, auch Schmerzliches wahrzunehmen und zuzulassen. Man kann das eine nicht ohne das andere haben. Doch dazu komme ich später noch.

Gerechter Zorn

Erinnern Sie sich noch an die Mönche aus dem vierten Kapitel? Diese hatten auf Mitgefühl gesetzt, statt ihrer Wut Ausdruck zu verleihen, und bekamen irgendwann Diabetes. Das ist ungefähr vergleichbar mit dem, was hochempathische Menschen tun. Anstatt sich aus dem Staub zu machen oder sich zu wehren, versuchen sie nach spirituellen Vorgaben zu leben, wie zum Beispiel dem liebenden Wohlwollen, der empathischen Freude (den Erfolg anderer feiern), dem Mitgefühl (das Leiden aller Wesen beenden) oder Gleichmut (in Harmonie und Seelenruhe leben). Das scheint sinnvoll und lobenswert, wäre da nicht das Problem, dass unser Immunsystem seine eigene Moral hat. Und diese hat nun einmal etwas dagegen, wenn wir unseren Unmut einfach übergehen, besonders dann, wenn es ungerecht zugeht oder Menschen unschuldig zu Schaden kommen. Dann sind nämlich durchaus Wut und entschiedenes Handeln gefragt. Wenn Sie jedoch nie wütend sein dürfen, werden sie sich irgendwann erschöpft, müde und gestresst fühlen. Auch der Spiegel Ihrer Stresshormone ist dann ständig erhöht.

Schauen wir uns ein Beispiel an. Sie registrieren, dass Ihr Kind im Begriff ist, von einem Erwachsenen übel behandelt zu werden. Ihre Reaktion besteht nun darin, sich über die Person zu ereifern und Ihr Kind aus der Gefahrenzone zu bringen, und nicht etwa zu sagen: „Wir sind alle eins“ oder „Mögen alle Wesen frei von Leid sein.“ Finden Sie keine Entschuldigung nach dem Motto „Er oder sie hatte eine schwere Kindheit, da kann ich schon verstehen, dass er oder sie die Wut an meinem Kind auslässt.“ Auf keinen Fall. Im Gegenteil, das wäre sogar kriminell. Stattdessen tun Sie alles Nötige, um Ihr Kind zu schützen, wobei Ihr Körper entsprechend agiert: Er pumpt Sie mit den notwendigen aktivierenden Stresshormonen voll. Dadurch haben Sie die Lage im Griff. Sobald die Situation dann vorbei ist, kehren die Hormonspiegel auf Normalniveau zurück.

Um Ihrer Gesundheit und Ihres Seelenfriedens willen brauchen Sie diesen gerechten Zorn, sonst laufen Sie Gefahr, ausgenutzt und schlecht behandelt zu werden. Im Falle von Vampirbeziehungen heißt das, dass Sie entweder ganz aussteigen oder die Kontaktzeit auf ein Minimum beschränken. Sie müssen wissen, dass spirituell sein und bedingungslos lieben nicht bedeutet, dass man sich mit Missbrauch abzufinden hat.

Dazu schreibt die Ehe- und Beziehungstherapeutin Dr. Patricia Allen in ihrem Buch *It's a Man's World and a Woman's Universe:* „Wenn Ihr Partner nicht mindestens zu 51 Prozent ein guter Mensch ist, dann werden Sie in der Beziehung nicht gesund bleiben können. In einer vergifteten Beziehung auszuharren kann ein Zeichen bedingungsloser Liebe sein, aber auch dafür, dass Ihnen mehr an der Beziehung liegt als an Ihnen selbst. Das aber ist eine Geisteskrankheit.“

Nun kann man sicherlich nicht von einer Geisteskrankheit sprechen, wenn man in eine Familie oder eine Kultur hineingeboren wird, in der Opferbereitschaft und Dienstbarkeit der einzige Weg der Anerkennung ist. In diesem Fall handelt es sich eher um eine Anpassungsstrategie in einem Setting, das tendenziell krank macht. Falls Sie in einer ähnlichen Lage sind, können Sie zum Glück auf Ihre innere Kraft bauen und so die Situation verändern.

Als einfühlsamer Mensch und als Heilkundige will man manchmal nicht wahrhaben, dass Wut eine Berechtigung hat. Doch in Wahrheit ist sie nicht nur nicht gerechtfertigt, sondern für die Gesundheit und das eigene Wohlbefinden absolut unerlässlich. Lassen Sie mich Ihnen ein Beispiel aus meinem Leben geben.

Im letzten Sommer hatte ich das Vergnügen, in mein Elternhaus zurückzukehren. Wie Sie selbst wissen, lässt einen nichts so sehr in alte Muster zurückfallen wie die Familie. Jedes Mal, wenn ich nach Hause fahre, lerne ich viel über mich selbst und versöhne ein weitere Tiefenschicht in mir. Mit der Zeit habe ich sehr viel Energie darauf verwandt, mir bewusst zu machen, was ich in der von mir gewählten Familie hatte lernen sollen. Dabei habe ich das Glück, zu allen in meiner Familie ein gutes Verhältnis zu haben. Meine größte Herausforderung war der Umstand, dass ich als das schwarze Schaf der Familie einfach nicht in die gemeinsamen Aktivitäten und Interessen der Familie passen wollte. Weil es an sich wunderbare Menschen sind, die ich wirklich liebe und mit denen ich gern zusammen bin, habe ich den Fehler immer irgendwie bei mir gesucht. Nach dem Motto: *Was ist los mit mir, dass ich einfach nicht gern vier Sportarten am Tag mache?* Dabei habe ich weder den Körper noch den Anspruch einer Leistungssportlerin, auch wenn das genau das ist, was meine Familie schätzt, und hier besonders meine Mutter, die immer noch mithält. Daher war mir klar, dass dieser Aufenthalt mal wieder eine gute Gelegenheit sein würde, Dinge zu klären und zu läutern. Schließlich habe ich in diesem Zusammenhang längst meinen Wert unter Beweis gestellt. Niemand hat mich also zu beurteilen außer ich selbst!

Dieses Mal hatte ich meine gute Freundin Hope Matthews mitgenommen, um mir Gesellschaft zu leisten. Sie ist seit 15 Jahren meine Pilates-Lehrerin und intuitive Bewegungstherapeutin. Hope ist sehr vertraut mit den emotionalen Mustern, die mir physisch zugesetzt haben und die ich im Laufe der Jahre positiv verändert habe, und zwar so weit, dass ich körperlich heute besser dastehe als vor 20 Jahren. Weil sie außerdem ebenfalls eine alte Seele ist, war Hope perfekt, um meine Interaktionen mit meiner Familie zu beobachten und meine emotionalen Reaktionen zu bestätigen – vor allem alle negativen.

Tatsächlich ergab sich eine Gelegenheit, um mal wieder richtig wütend zu werden, wütend aus gutem Grund. Meine Brüder, ihre Frauen, meine Nichte und ihr Mann und meine Mutter hatten allesamt vor, am Samstagabend zusammen zu Abend zu essen und sich dann den Hundefilm *Bailey – ein Freund fürs Leben* anzusehen. Sie alle haben Hunde und der Film ist wirklich gut. Am Freitagabend – bei einem gemütlichen Beisammensein in einem Restaurant in der Nähe – haben wir den nächsten Abend geplant. Meine Mutter würde ein Hühnchengericht machen, meine Schwägerin Popcorn und ich einen Salat. Essen würden wir gegen sechs und hinterher den Film angucken. Alles toll.

Am nächsten Abend, kurz vor sechs Uhr, erwähnte mein Bruder das Konzert eines Sängers, der in einer Bar in der Nähe auftrat. Da würde er vielleicht hingehen. Zunächst half er mir beim Salatwaschen. Dann wurde es sechs Uhr. Das Abendessen war fertig – und mein Bruder und seine Frau (diejenige, die sagte, sie würde Popcorn machen) waren nirgends zu finden. Sie waren einfach verschwunden. Ohne ein Wort.

Meine Schwägerin hat mir dann ein kurzes Video des Sängers geschickt, woraufhin ich antwortete: „Sehr schön, aber wollten wir nicht zusammen essen und anschließend den Film sehen?" Dann schrieb ich meinem Bruder eine SMS: „Kommst du nach Hause?", und er schrieb zurück: „Ich hatte die Wahl zwischen zwei attraktiven Unternehmungen. Und ich habe mich entschieden, hier zu bleiben und das Konzert zu sehen." Ich war wütend. Doch jetzt kommt der entscheidende Teil: Mir war *bewusst*, dass ich wütend war und auch, dass meine Wut völlig berechtigt war. Ich hatte eine Zeugin, dass wir am Abend zuvor alles geplant hatten. Ich fühlte mich nicht komisch, sondern war vollkommen klar. Ich war stinkwütend und habe mir erlaubt, dies in jeder Faser meines Körpers zu spüren. Das, so wusste ich, war sehr gut für meine Gesundheit.

Ich schrieb meinem abgängigen Bruder zurück: „Mach, was du willst. Aber ich bin wütend, dass du mir nichts gesagt hast … oder sonst wem." Schließlich haben wir uns alle hingesetzt und gegessen, ohne meinen Bruder und seine Frau. Doch diesmal, so wusste ich, wollte ich nicht wieder alles so einfach hinbiegen. Nach dem Essen hat mir mein Bruder zurückgeschrieben: „Du hast recht. Ich hätte es dir sagen sollen."

Damit hatte er mir den Wind aus den Segeln genommen. Er hatte sich entschuldigt. Ich fühlte mich bestätigt, auch weil ich wusste, dass es seine Frau gewesen war, die beschlossen hatte, zum Konzert zu gehen und das Essen sausen zu lassen. Er stand dazwischen. Das kommt vor. Ist kein Problem. Alles, was er hätte tun müssen, war, mir Bescheid zu sagen. Am nächsten Tag nahm er mich in den Arm und sagte: „Danke für dein Verständnis." Früher hätte ich jetzt sofort auf Verständnis geschaltet und meinen berechtigten Ärger ganz tief versenkt, auf Kosten meiner Hormone. Mittlerweile weiß ich es besser.

Expressive Gefühle

Wie Sie sicherlich auch schon festgestellt haben, sind Gefühle – wie z.B. berechtigte Wut – nicht nur lästige Probleme, die es zu überwinden gilt, sondern notwendige Signale, die unsere Bedürfnisse anzeigen. Wenn diese Emotionen nicht beachtet werden – sowohl was ihren Ausdruck angeht als auch die Konsequenzen im Handeln –, dann werden sie Ihr Leben verändern.

Durch positive Gefühle kommen Sie in die richtige Richtung, hin zu mehr Schönheit und Unterstützung in Ihrem Leben. Denken Sie einmal darüber nach. Fühlen Sie sich bei einer Gelegenheit total dankbar, dann wissen Sie, dass Sie auf dem richtigen Weg sind. Also wollen Sie immer mehr davon. Wenn Sie Ihre Dankbarkeit dann auch noch zum Ausdruck bringen – vor allem, wenn sie jemand anderem gilt –, werden Sie immer mehr ebendieser Situationen herbeiführen.

Die meisten hochempathischen Menschen haben kein Problem damit, positive Gefühle wahrzunehmen und auszudrücken, wohl aber damit, das Gleiche mit negativen Gefühlen zu tun. Damit aber muss nun Schluss sein. Unterdrückte Gefühle, aus denen kein Handeln folgt, zeigen sich oft als Krankheit. Ich kann mich erinnern, dass mein Vater mich – ich war in der Pubertät – wieder nach oben schickte und noch einmal antreten ließ, wenn ich nicht lächelnd und federnden Schrittes nach unten kam. Auch wenn es im Prinzip nicht falsch ist, einem Kind beizubringen, wie man Emotionen in eine positivere Richtung lenkt, war das Problem hier, dass ich überhaupt keine negativen Emotionen haben durfte. Und deshalb nahm ich schließlich an, dass mit Gefühlen, die nicht Glück und Heiterkeit ausstrahlten, etwas nicht stimmte. Daraufhin drückte ich meine wahren Gefühle weg, samt der Bedürfnisse, für die sie standen, und fasste den Entschluss, dass meine Wut, mein Kummer und mein Traurigsein falsch waren, dass sie weg mussten, koste es, was es wolle. Damit jedoch verlagerte ich sie nur in meinen Körper. Ich bekam Migräne, einen Fersensporn und eine Netzhautverkrümmung.

Erst Jahre später entdeckte ich, dass jedes Gefühl für ein unerfülltes Bedürfnis steht (zumindest bei hocheinfühlsamen Menschen, nicht unbedingt bei Vampiren). Bis dahin hatte ich nicht gewusst, dass meine Gefühle mein natürliches Leitsystem waren, um meine seelischen Bedürfnisse zu erfüllen.

Unterdrücken Sie negative Emotionen nicht. Wenn Sie etwa ein Kind verloren haben, durch eine schlimme Scheidungsphase gehen oder den Tod eines geliebten Freundes oder Ehepartners zu verzeichnen haben, müssen Sie sich schlicht und einfach dem Seelentrost aus Bewegung, Musik und Tränen überlassen. Das ist der natürliche Weg des Körpers, tiefe Schmerzen zu lindern. Kein Weg geht daran vorbei, in den Schmerz hinein- und durch ihn hindurchzugehen. Irgendwann müssen Sie jammern und stöhnen, Tränen vergießen und sich einer höheren Macht überlassen. Andernfalls wird all diese Energie in Ihnen bleiben und zu allen möglichen gesundheitlichen Problemen führen.

Das gilt nicht nur für die Gefühle im Moment, sondern auch für die alten Verletzungen. Sie können mir glauben, diese tiefer liegenden Schmerzen werden nicht durch positives Denken, Affirmationen und Visionboards geheilt. Stellen Sie sich Ihre Gesundheit wie eine Wand mit alten Tapeten vor. Wenn Sie nun einfach eine neue über die alten Tapeten kleben, wird nichts Gutes dabei herauskommen. Zuerst müssen die alten Tapetenreste weg und die Wand ausgebessert werden. Erst dann ist alles bereit für die neue

Tapete. Genauso verhält es sich mit Trauer, Schmerz und Verlust aus Kindertagen oder einem früheren Leben.

Das ganze positive Denken und die Arbeit an den alten Mustern nützen nichts, wenn man nicht bis zur Quelle des Schmerzes vordringt und ihm den nötigen Raum gibt. Allerdings sollten Sie auch keinen Schrein aus Ihrer Trauer machen und von anderen erwarten, dass sie ihn anbeten. Haben Sie ein Kind verloren, dann machen Sie kein Heiligtum aus dem Kinderzimmer Ihres toten Kindes. Auf diese Weise würden Sie den Schmerz bloß festhalten und selbst zum Vampir werden.

Gefühlen Raum zu geben klingt eigentlich ganz einfach, oder? Ich würde sagen, das ist es auch – zum Teil. Einerseits sind Gefühle ganz natürlich, sie gehören zu uns, andererseits hat man uns beigebracht, sie zu unterdrücken. Worum es hier geht, ist, Gefühle zu erkennen und zu fördern.

Nie werde ich vergessen, wie ich Anfang der Neunzigerjahre in einem Workshop von Anne Wilson Schaef „Living in Process" war. Dabei ging es darum, einfach „dazusitzen", und wenn jemand etwas zu sagen hatte, sagte er es. Das hat dann meistens irgendetwas bei anderen in der Gruppe ausgelöst. Wer sich angesprochen fühlte und bestimmte Gefühle wahrnahm, konnte sich dann auf eine der bereitliegenden Matratzen niederlassen und den Gefühlen nachgehen. Man ging dann direkt in das Gefühl hinein und dabei konnte man alle möglichen Geräusche von sich geben und sich dazu bewegen. Jemand anderes setzte sich dann dazu, *ohne* die Person anzufassen und reichte bei Bedarf ein Taschentuch.

Damals fühlte sich das wie der Kreißsaal des Krankenhauses an, in dem ich arbeitete. Es fühlte sich an, als wären wir alle Hebammen in Sachen Bewusstwerdung und Zurücklassen des Schmerzes. Und dann war ich an der Reihe. Zu dem Zeitpunkt hatte ich schon seit knapp einer Woche Menchen beobachtet, die auf den Matratzen weinten, und das Gefühl, dass ich, anders als sie, alles im Griff hatte. Die Armen. Damals waren meine Kollegen und ich zu dem Workshop gegangen, um uns mit unserer „Co-Abhängigkeit" auseinanderzusetzen – ein vager Begriff, den ich heute für mich nicht mehr verwende. Aber damals war das alles, was wir hatten. Und Anne hatte auf diesem Gebiet einen guten Ruf. Wir waren also vor allem gekommen, um uns Hilfe durch eine Intervention zu holen, die ich gern hinter mich bringen wollte.

Die Zeit für unsere Intervention war gekommen, und Anne setzte uns vier in den inneren Kreis, umgeben von den anderen 50 Teilnehmern. Der erste Teil einer Intervention besteht darin, der betreffenden Person zu sagen, wie sehr man sie mag und sich um sie sorgt. Ich begann damit, meiner Kollegin zu erzählen, wie viel es mir bedeutet hatte, dass sie damals, als ich mit meinem zweiten Kind in die Wehen kam, mein Auto für mich umparkte, damit mein Mann und ich zusammen ins Krankenhaus gehen konnten. Ich brach in Tränen aus. Dass eine Kollegin so etwas für mich machte, war so besonders, dass ich es kaum fassen konnte. Noch die Erinnerung daran hat mich zu Tränen gerührt. Anne sagte: „Willst du dich hinlegen und schauen, was nach oben kommt?" Schnell gewann ich meine Fassung zurück und würgte meine Tränen hinunter. Immerhin war das hier eine Intervention. Wer war ich, dass ich diese Veranstaltung mit meinen privaten Gefühlen unterbrach? Auf keinen Fall.

Augenblicklich habe ich meine Gefühle zurückgedrängt – darin hatte ich in meiner Kindheit und später im Medizinstudium und der klinischen Praxis die Meisterschaft erlangt. Da sagte Anne: „Du bist so müde." Und damit war der Damm gebrochen. Ich legte mich auf die Matratze und heulte bestimmt eine Stunde lang.

Aus mir kam etwas sehr Altes, etwas, das sich anhörte wie die Frauen an der Klagemauer von Jerusalem. Mein innerer Zeuge – der Teil von uns, der uns außerhalb von Zeit und Raum beobachtet – war fasziniert. Wer hätte gedacht, dass ich solche Geräusche von mir geben konnte? Auf der Matratze habe ich die ganze Zeit beweint, in der ich nie zur Ruhe kam. Und dann ging ich in der Zeit zurück und weinte um meine Mutter und um ihre Mutter, meine Großmutter Ruth, die im Alter von drei Jahren selbst ihre Mutter verloren hatte. Und dann öffnete sich irgendwo in mir eine Falltür und ich stieg tiefer und tiefer hinab, zu einem Ort, den man „den Schmerz der Frauen" nennen könnte. Und dort weinte ich um all die Frauen, die jemals ein Baby bei der Geburt verloren haben, oder ihre eigene Mutter oder die, die nie zur Ruhe kamen. Der innere Raum war unendlich, ganz so wie meine Klage. Bald lagen alle im Raum – Männer wie Frauen – auf ihren Matratzen und wehklagten. Als ich endlich fertig war, wurde mir klar, dass ich dafür geboren war, den Schmerz – den Schmerz der Frauen – in Freude zu verwandeln. Das wusste ich ganz tief innen drin und ich wusste auch, dass ich bei mir würde anfangen müssen.

Seit dieser Zeit hat es immer wieder Momente gegeben, in denen ich tiefe Gefühle habe aufsteigen spüren. Dann bin ich in mein Schlafzimmer gegangen, habe die Tür hinter mir zugemacht, mich hingelegt und die Gefühle einfach kommen lasen. Manchmal war es Wut, manchmal Trauer, manchmal tiefe Traurigkeit. Doch die Sache ist die: Wenn man sich erlaubt, den ganzen Weg hin und wieder zurückzugehen – mit allem Drum und Dran, dem Sich-Hin-und-her-Bewegen, Geräusche machen und Tränen vergießen – wird der Körper das Trauma aus der DNA lösen. Mehr braucht es nicht. Dazu sind wir gemacht. Babys machen dies ganz natürlich. Manchmal muss man die Dinge einfach herausschreien.

Beim allerersten Mal mag sich das anfühlen, als stiegen Sie wirklich in den Abgrund des Schmerzes hinab und würden dort nie wieder herauskommen. Glauben Sie mir, Sie werden es. Eine gute Freundin oder ein guter Freund an Ihrer Seite kann auch nicht schaden. Ein Wort der Vorsicht ist hier allerdings geboten: Ihre Beisitzerin oder ihr Beisitzer sollte Sie *keinesfalls* umarmen oder versuchen, Sie „da rauszureden". Dann klappt es nicht. Denn der Grund, warum wir jemanden, der Schmerz erleidet, umarmen wollen, ist, dass der Schmerz eines anderen unseren eigenen triggert. Wir umarmen jemanden also nur, damit *wir* den Schmerz nicht fühlen müssen. Also lassen Sie das besser.

Manchmal steigt eine tiefe Emotion in uns auf, doch wir können ihr nicht nachspüren, weil die Situation es einfach nicht erlaubt. In diesem Fall sagt man einfach: „Keine Sorge. Ich komme wieder auf dich zurück." Das sollten Sie dann aber auch bald machen, das Gefühl ist tatsächlich noch da.

Wenn wir unseren tiefsten Schmerz ausloten können, dann haben wir aber auch Zugang zu unserer hellsten Freude. Vielleicht müssen Sie nach einer tiefen emotionalen Befreiung einfach nur hysterisch lachen. Das ähnelt einem Korken, der an die Oberfläche ploppt. Vielleicht werden Sie auch abnehmen und jünger aussehen, nachdem Sie den alten, festgefahrenen Gefühlen nachgespürt und sie erlöst haben. Die Arbeit mit den Gefühlen stellt die Uhr buchstäblich zurück, weil Sie den alten emotionalen Ballast nicht länger mit sich herumschleppen.

Wie sagte Woody Allen in seinem Film *Manhattan*? „Ich kann nicht wütend sein. Das ist eins von meinen Problemen. Stattdessen bekomme ich einen Tumor." Ich hoffe doch sehr, dass Sie nicht erst einen Tumor bekommen müssen, um endlich Ihre Wut, Trauer und Ihren Zorn zu spüren. Auch darin liegt der Sinn dieses Buches.

Richtig gesundheitlich vorsorgen

Bevor wir uns bestimmten Heilmethoden zuwenden, möchte ich, dass Sie ein paar Dinge über Ihre Gesundheitsvorsorge wissen. Dies vor allem deshalb, weil Sie vermutlich recht empfindlich auf Standardmedikamente reagieren – selbst auf Aspirin. Die übliche Dosis ist womöglich schon zu hoch. Und selbst wenn Sie der Packungsbeilage folgen, werden Sie wahrscheinlich Nebenwirkungen haben. Einer Kollegin, sie ist professionelles Medium, wurde kürzlich 10 Milligramm Cortison für ein Problem mit einem eingeklemmten Nerv verschrieben. Normalerweise bekommen Leute durchaus höhere Cortisongaben – bis zu 60 Milligramm oder mehr –, um Schmerzen und Entzündungen schnell zu stoppen. Dann wird die Dosis über die nächsten Tage oder Wochen ausgeschlichen. Meine Freundin jedoch fühlte sich zwei Tage nach dieser einen Niedrigdosis ängstlich und psychotisch. Auch die ihr verschriebenen Schmerzmittel hatten bei ihr eine nachteilige Wirkung. Also hat sie mit der Einnahme aufgehört. So etwas höre ich immer wieder.

Im Allgemeinen fahren hochsensible Menschen besser mit feinstofflichen Heilverfahren als mit Medikamenten oder Operationen.

Homöopathie, Blütenessenzen, Akupunktur, Massage, Kräuter, Gebet, Yoga, Pilates, Chiropraktik, mediale Medizin und spirituelle Heilmethoden – auch sie gehören zur Medizin, weil sie vor allem auf das Energiefeld des Körpers Einfluss nehmen.

Lange bevor es zu körperlichen Erkrankungen kommt, lassen sich Probleme im Energiefeld des Körpers ausmachen. Vor Jahren hatte ich meine erste Sitzung mit dem berühmten Medizinmedium Caroline Myss. Damals sagte sie mir: „Ihre Herzfrequenz hat sich in den letzten fünf Jahren verändert und Sie haben ein Helfersyndrom. Haben Sie das verstanden? Das müssen Sie in den Griff kriegen." Angesichts der Tatsache, dass eine koronare Herzerkrankung bei uns in der Familie häufiger vorkommt, nahm ich diese Information sehr ernst und fing an, mein Muster – nämlich alles und jeden in meiner Praxis und in meinem Leben retten zu wollen – genauer unter die Lupe zu nehmen.

War irgendetwas mit meinem Herzen nicht in Ordnung, was die konventionelle Medizin auch hätte feststellen können? Nein. Mein EKG, Ruhepuls, Blutdruck und Cholesterin waren absolut in Ordnung. Das sind sie immer noch. Was nicht in Ordnung war, war meine Lebensenergie. Die verlor ich nämlich konstant, ohne mich zu regenerieren. Heute, Jahre später, ist mein Herz besser denn je. Aber nur, weil ich an dem Muster des ständigen Verlustes an Lebensenergie gearbeitet habe.

Die konventionelle Medizin ist hervorragend bei Unfällen, Traumata, Gelenkersatz oder akuten Notfällen. Aber bei der Vorsorge oder im Falle chronischer Erkrankungen ist sie es nicht. Die moderne Medizin basiert auf einem Ansatz, der eher mit veralteten Kriegsmetaphern arbeitet und dringend modernisiert werden müsste. Die Ärzte glauben heute oft, dass es „für alles eine Pille" gibt. Im Falle von Krebs oder Infektionskrankheiten wird bestrahlt, herausgeschnitten oder vergiftet. Man zielt darauf ab, jeden Keim mit Antibiotika auszumerzen. Aber bei den häufigsten chronischen Krankheiten wie Diabetes, Arthritis und Krebs versagt die moderne Medizin. Es ist nur zu gut dokumentiert, dass ärztliche Kunstfehler die dritthäufigste Todesursache in den Vereinigten Staaten sind.

Deshalb empfehle ich Ihnen, mit echten Heilern in Ihrem Umfeld in Kontakt zu treten. Machen Sie um Ihrer Gesundheit willen regelmäßig einen Termin mit so jemandem aus.

X. KAPITEL

Körperlich genesen in der Zeit danach

Da Sie nun im Großen und Ganzen wissen, was nötig ist, um gesund zu werden und es zu bleiben, schauen wir uns einige Methoden an, mit denen Sie genau das zurückgewinnen, was Ihnen Ihre Vampirbeziehung genommen hat.

Heilung mit göttlicher Liebe

Die erste Methode, die ich hier vorstellen möchte, richtet sich nicht speziell an Menschen, die es mit Vampiren zu tun hatten. Sie passt eigentlich immer, weshalb ich finde, dass alle, aber besonders hochsensible Menschen sie kennen sollten. Es handelt sich um die Heilung durch göttliche Liebe. Wenn Sie meine letzten Bücher gelesen haben, werden Sie sie wahrscheinlich schon kennen. Weil diese Methode so überaus wirksam ist, will ich sie hier unbedingt mit aufführen. Ich bitte also um Nachsicht, sollten Sie sie bereits kennen.

Über die göttliche Liebe habe ich erstmalig vor Jahren von Bob Fritchie, einem pensionierten Luft- und Raumfahrtingenieur, erfahren. Mit ihr wird die Kraft des Schöpfers und der göttlichen Liebe angerufen, um Veränderungen sowohl stofflicher als auch geistiger Art zu erreichen. Ich weiß, das ist schwer zu glauben, aber lassen Sie Ihr Ego für einen Moment außen vor. Sicherlich, man kann die Wirkungen dieser Methode momentan nicht wissenschaftlich belegen, ich möchte jedoch in diesem Zusammenhang daran erinnern, dass man anfänglich auch einmal versucht hat, Depressionen durch Lobotomie zu heilen und Heroin zuerst gegen Husten verabreicht wurde. Ich bin sicher, eines Tages werden Wissenschaft und Medizin die heilende Kraft der göttlichen Liebe erklären können.

Zu Beginn möchte ich festhalten, dass göttliche Liebe *nicht* dasselbe ist wie persönliche Liebe. Persönliche Liebe kann für hochempathische Menschen durchaus nach hinten losgehen, weil wir durchaus andere auf Kosten unserer selbst zu lieben bereit sind. Aber göttliche Liebe ist nicht auf eine Person beschränkt. Vielmehr steht sie allen Menschen völlig frei zur Verfügung, vorausgesetzt, diese können die beiden folgenden Fragen mit Ja beantworten: 1. Glaubst du an Gott oder eine höhere Macht? und 2. Willst du wirklich gesund werden?

Okay, wie macht man sich nun also die göttliche Liebe zunutze? Man bittet einfach – und zwar in Form einer Petition – darum, dass sie durch einen selbst hindurch wirke. Das ist so, als würde man sich an den Stromkreis einer höheren Frequenz anschließen.

Und so geht's:

- Setzen Sie sich ganz normal hin. Arme und Beine unverschränkt. Weil der Körper wie eine Batterie ist, würde das Verschränken nur zu einem Kurzschluss führen.
- Legen Sie allen Schmuck ab.
- Stellen Sie Ihre Füße flach auf den Boden.
- Sagen Sie die folgende Allzweck-Petition auf, die ich von Bob gelernt habe. „Mithilfe meines Geistes und den liebenden Engeln des Lichts lenke ich die göttliche Liebe in mein Inneres. Auch bitte ich meinen Geist, all das zu erkennen, was mich vom Schöpfer trennt. Ich bitte darum, dass all dies mithilfe der göttlichen Liebe entfernt werden möge, ganz nach dem Willen des Schöpfers."
- Nun atmen Sie tief durch die Nase ein. (Wodurch Ihre Absicht nach innen gezogen wird.) Halten Sie den Atem an und zählen Sie dabei bis vier. Dann entlassen Sie den Atem stoßweise durch beide Nasenlöcher, in etwa so, als wollten Sie sich die Nase putzen. Das wird Ihr Vorhaben hinaus ins Universum tragen.

- Setzen Sie sich jetzt hin und richten Sie Ihre Aufmerksamkeit liebevoll auf Ihren Thymus. Das ist der Ort, an dem die göttliche Liebe in den Körper gelangt und von da aus verteilt wird.

Dazu stelle ich den Wecker auf zwei Minuten ein. Ich sage die Petition auf, atme stoßweise und stelle dann den Timer auf meinem Handy. Dabei achte ich auf Bilder, Gedanken, Gefühle und auch Lieder, die in mir in diesen zwei Minuten aufsteigen. Es ist immer wieder erstaunlich, was da alles kommt, lebhafte Bilder und Geräusche. Dieser Ansatz verhilft mir im Alltag zu vielen intuitiven Informationen. Und wenn ich mit meiner alten Kollegin Diane Grover zusammen die Petition mache, erhält sie oftmals Informationen über mich, die ich selbst nicht bekomme, und umgekehrt.

Als wir einmal eine Meditation der göttlichen Liebe füreinander gemacht haben, „sah" sie mitten in ihrer Meditation einen Mann, mit dem ich einmal gearbeitet hatte. Er sah aus und verhielt sich genau wie Gollum aus dem *Herrn der Ringe*. Danach sah auch ich ihn ein paarmal im Traum, was bestätigte, was sie gesehen hatte, und das genügte mir, um die Arbeit mit ihm einzustellen. Später fand ich heraus, dass er ein hochgradiger Vampir war (Überraschung!). Für Ihre eigene Petition nehmen Sie entweder die allgemein gehaltene von oben oder Sie entwerfen Ihre eigene. Zum Beispiel: „Mithilfe meines Geistes führe ich die göttliche Liebe in mein Inneres. Ich nehme meine Kopfschmerzen an, und bitte darum, dass sie mit göttlicher Liebe nach dem Willen des Schöpfers geheilt werden mögen." Beziehen Sie sich nur auf ein Symptom zur Zeit.

Sehr oft schare ich Familie oder Freunde um mich, um jemandem in Not heilende göttliche Liebe zu senden. Dazu benutzen wir eine kostenlose Telefonkonferenznummer und jeder wählt sich ein. Schließlich sage ich die Petition und stelle die Uhr. Danach sagen alle, was sie erlebt haben. Oft passiert es, dass die Person, die die heilende Energie empfangen hat, diese sehr stark spürt. Zum Beispiel hatte meine Mutter vor ein paar Jahren plötzlich Probleme mit dem Sport. Sie fühlte sich schwach und war kurzatmig, was sehr ungewöhnlich war, da sie seit Jahrzehnten wandert und sehr fit ist. Ihre Herzuntersuchung hatte nichts ergeben – ebenso das EKG.

Eines Tages rief sie mich an und sagte, ihr Puls läge nur bei 40. Wir konnten uns das nicht erklären und sie wurde zur Mayo-Klinik nach Scottsdale, Arizona, geflogen, wo meine Schwester damals lebte. Es stellte sich heraus, dass Mom einen Herzschrittmacher brauchte. Aber da ihr Problem kam und ging, hatte es niemand bemerkt. Ihre Kardiologin war fantastisch. Einmal trommelte sie alle Bewohner vor Ort zusammen und ließ sie das Herz meiner Mutter mit dem Hinweis abhören: „Obacht, so klingt ein starkes unbehandeltes Herz." Auf jeden Fall war ihr Herzschrittmacher-Einsatz für den folgenden Montag geplant, und sie musste das ganze Wochenende im Krankenhaus bleiben. Und das mit einer gefährlich niedrigen Herzfrequenz. Also trommelte ich alle per Telefon für eine Heilung mit der göttlichen Liebe zusammen. Das war für alle eine zutiefst bewegende Erfahrung. Ich „sah" meinen Vater (der vor langer Zeit gestorben war), wie er auf Moms Bett tanzte und ihr Mut machte. Auch habe ich das Lied „Swing Low, Sweet Chariot" gehört. Andere aus der Familie erzählten meiner Mutter, feierlich und zu Tränen gerührt, was sie gerade empfanden und sahen. Meine Mutter war sehr friedlich gestimmt. Keiner wusste, was passieren würde. Meine Mutter hatte in ihrer Patientenverfügung „keine Wiederbelebung" verfügt. Dann bekam sie schließlich ihren Herzschrittmacher und sollte schon bald wieder ihre Wanderungen und anderen Aktivitäten aufnehmen.

Eine Gruppe zusammenzubringen, um göttliche Liebe zu senden beziehungsweise zu empfangen, ist durchaus machbar und zudem sehr bewegend. Ich kann es nur empfehlen.

Interessanterweise haben wir auch festgestellt, dass man sich mithilfe der göttlichen Liebe vorbeugend von den Auswirkungen minderwertiger Nahrung und minderwertigen Wassers schützen kann. Bevor Sie essen oder trinken, sagen Sie einfach: „Ich reichere dieses Essen mit göttlicher Liebe an, auf dass es mich gesund machen möge." Danach tief ein- und stoßweise ausatmen. Erledigt. Reine Vorbeugung. Wird es dadurch sauber und bio? Nein. Aber es wird sie mit der Liebe des Schöpfers durchdringen, was sie auf jeden Fall gesünder macht.

Schicken Sie auch göttliche Liebe als Vorhut voraus, bevor Sie den Tag beginnen und hinaus in die Welt gehen. Gleiches können Sie auch am Abend rückwirkend tun. Einen besseren Schutz gibt es nicht. Und so geht's: Sie stehen auf – oder bleiben im Bett liegen – und sagen laut bzw. im Geiste: „Ich sende nun göttliche Liebe in die Welt vor mich, um mich herum und hinter mich. Ich bin auf meinem Weg in die Welt, von Gott beschützt." Atmen Sie ein. Halten Sie den Atem an und stoßen Sie ihn wieder aus. Wiederholen Sie das so oft, wie Sie mögen.

Gesund bleiben

Nach einer Vampirbeziehung geht es vor allem darum, Stress abzubauen und die Entzündungen zu reduzieren, die zu den Gesundheitsproblemen geführt haben, über die wir in Kapitel 4 gesprochen haben. Diese Maßnahmen sind eigentlich für jeden sinnvoll, für Menschen, die sich von einem Vampirmissbrauch erholen, jedoch unerlässlich. Wobei eines zu beachten ist: Erwarten Sie nicht zu viel von sich, solange Sie sich noch nicht so gut von Ihrem Vampir abgrenzen können.

Die hier aufgeführten Maßnahmen helfen Ihnen allerdings auch, in einer unguten Beziehung relativ gesund zu bleiben. Gegen die vielen Stresshormone, die Sie in einer Vampirbeziehung produziert haben, allerdings können auch sie nichts ausrichten.

Ich habe zunächst einmal eine Reihe einfacher Maßnahmen zusammengetragen, die Sie relativ stressfrei umsetzen können. Ich empfehle Ihnen, dasjenige auszuwählen, was für Sie am besten passt. Und denken Sie daran: Erfolg zieht Erfolg nach sich, und für eine gesunde Lebensführung sind kleine Schritte allemal besser als ein Crashkurs.

Den Tag bewusst anfangen und enden lassen

Mit einem Vorsatz in den Tag zu starten kann Ihre Lebenseinstellung sehr positiv beeinflussen. Das ist gut gegen Stress. Bringen wir also Meditation und Vorstellungskraft zusammen.

Meditation hat in der letzten Zeit ziemlich viel Aufmerksamkeit durch die Forschung bekommen. Dabei hat sich gezeigt, dass sie bei so ziemlich allem hilft, angefangen bei Depression und Ängsten bis hin zu Gewichtszunahme und posttraumatischer Belastungsstörung. Wenn Sie achtsam sind und Ihren Gedanken erlauben zur Ruhe zu kommen, gelangen Sie automatisch in Ihr wahres Sein – eines, das göttlich ist, stark und voller Liebe.

Meditation muss nicht schwer sein. Fangen Sie einfach mit 10 Minuten pro Tag an. Nach dem Aufwachen ist ein guter Zeitpunkt, weil dadurch der Tag eine Richtung bekommt. Hier ist eine kurze Meditation, die ich gern mache.

Stellen Sie einen Wecker auf 10 Minuten. Setzen Sie sich aufrecht hin. (Die Sitzposition kann ganz normal sein.) Schließen Sie die Augen. Stellen Sie sich nun eine Schnur vor, die von Ihrem Bauchnabel bis zur Mitte der Erde verläuft. Stellen Sie sich die Energie der Erde vor, die zu Ihrem Bauchnabel zurückkehrt. Stellen Sie sich nun ebenfalls eine Schnur vor, die von Ihrem Bauchnabel bis in den Himmel reicht und ihn mit Ihrem Körper verbindet. Nun sind Sie vollständig verbunden.

Konzentrieren Sie sich für die nächsten 10 Minuten auf Ihren Bauchnabel. Achten Sie darauf, welche Bilder, Gefühle und Farben Ihnen in den Sinn kommen. Wenn die Zeit um ist, schreiben Sie alles auf. Das war's.

Danach stelle ich mir vor, wie mein Tag verlaufen soll. Ich verbringe ein paar Minuten damit, mir alles auszumalen, was gut gehen kann. Abends vor dem Schlafengehen frage ich mich: „Was kann ich aus dem heutigen Tag lernen?" Die Antworten schreibe ich ebenfalls auf.

Die Morgens-und-abends-Methode habe ich von Joseph Clough gelernt, einem Meister-Hypnotiseur, der den Menschen beibringt, wie man Botschaften ins Unbewusste sendet, um sein volles Potenzial auszuschöpfen. Der Imaginationsteil zu Beginn des Tages funktioniert, weil Ihr Verstand nicht unterscheiden kann, was real ist und was nicht. Das vorgestellte Gute hat also einen förderlichen, positiven Einfluss. Das Resümee am Ende des Tages lässt Sie die

Fortschritte erkennen, damit Sie die Motivation nicht verlieren. Das, worauf wir achten, wird mehr. Wenn Sie sich also abends die guten Dinge ins Gedächtnis rufen und niederschreiben, werden Sie bald schon das Muster erkennen, wie Ihre Gedanken und Absichten Ihre Welt tatsächlich positiv beeinflussen. Dass dies funktioniert, hat mit einem winzigen Bereich im Stammhirn zu tun, dem aufsteigenden retikulären Aktivierungssystem. Dieser Bereich des Gehirns hilft Ihnen, sich auf das Wesentliche zu konzentrieren und anderes auszublenden. Dieser Teil des Gehirns ist auch dafür verantwortlich, dass man, nachdem man sich für ein bestimmtes rotes Auto entschieden hat, plötzlich überall diesen Autotyp sieht. Das Auto hat Relevanz bekommen und deshalb fällt es einem auf.

Zweimal täglich alles über das retikuläre Aktivierungssystem zu checken wird schließlich nicht nur Ihr Unterbewusstes, sondern auch Ihr Gehirn verändern und neu programmieren.

Atmen Sie tief und gleichmäßig

Sehr gut zum Stressabbau ist die Atmung. Tiefe Atmung, Nasenatmung. Gleichmäßige Atmung. Versuchen Sie einmal Folgendes. Atmen Sie langsam und tief durch die Nase. Machen Sie dabei den hinteren Teil Ihres Halses weit. Atmen Sie dann durch die Nase aus. Halten Sie einen Moment inne. Jetzt atmen Sie langsam und tief durch den Mund ein und durch den Mund auch wieder aus. Was fällt Ihnen auf?

Der Atem durch die Nase ist viel tiefer, weil durch die Anatomie der Nase die Luft direkt in die unteren Lungenspitzen gelangt, wo sich das meiste Blut befindet. Daher ist ein langsamer tiefer Atemzug durch die Nase viel effektiver für die Sauerstoffversorgung der Lunge als ein Atemzug durch den Mund. Aber das ist noch nicht alles. Die Erweiterung des unteren Brustkorbs ist mit der Stimulation des Vagusnervs verbunden, der durch das Zwerchfell verläuft. Das ist der Hauptnerv des Parasympathikus, dem „Ruhe und Erholungs-" oder „Ruhe und Verdauungs"-Modus des Nervensystems – dem Teil, der Stresshormone runterzuregulieren hilft. In den oberen Lungenlappen befinden sich Stressrezeptoren – also genau an dem Ort, an dem die flachen Atemzüge durch den Mund enden und Sie so nur noch mehr belasten. Tiefe Atemzüge durch die Nase dagegen aktivieren Rezeptoren der Beruhigung in den unteren Lungenlappen.

Durch die Nasenatmung erhöht sich auch Ihr Stickoxid. Das ist ein Gas, das im Endothel, der Auskleidung der Blutgefäße, gebildet wird. Stickoxid ist eine Art Super-Neurotransmitter, der alle anderen Neurotransmitter im Körper ausgleicht, wie etwa Serotonin, Beta-Endorphin und Dopamin. Dies sind im Übrigen die Neurotransmitter, die von Psychopharmaka wie Prozac beeinflusst werden.

Mittels der tiefen Nasenatmung lernen wir zu spüren, wer wir wirklich sind, während wir überschüssige Stresshormone abbauen. Versuchen Sie also, mehrmals täglich drei bis vier langsame tiefe Atemzüge durch die Nase zu machen. Zum Beispiel in einer Pause. So kommen Sie schnell wieder in einen entspannten Zustand. Tief durch die Nase atmen können Sie aber auch bei Stress. Verteilen Sie Klebezettel mit der Aufschrift „ATMEN“ überall um sie herum – auf dem Badezimmerspiegel, am Autolenkrad, an der Kühlschranktür. Sie werden erstaunt sein, was tiefes und regelmäßiges Atmen Positives bewirkt.

Die Vorteile der bewussten Atmung durch die Nase sind so groß, dass ich mittlerweile sogar selbst eine der Methoden des verstorbenen russischen Arztes Konstantin Buteyko anwende. Durch dessen wegweisende und klinisch erprobte Arbeiten lassen sich Asthma, Schnarchen, Schlafapnoe und andere Atembeschwerden deutlich lindern. In der Tat gibt es eine ganze Reihe Atemübungen nach Buteyko. Die, die ich mache, ist ganz einfach: Ich klebe mir jede Nacht vor dem Schlafen den Mund zu. Klingt verrückt, oder? Nun, mir ist aber aufgefallen, dass ich morgens beim Aufwachen viel mehr Energie habe und weniger groggy bin.

Beim ersten Mal werden Sie sich in den ersten Minuten etwas unwohl fühlen. Aber keine Sorge, Ihr Körper passt sich an. Und dann werden Sie die ganze Nacht über im „Ruhe- und Erholungsmodus“ atmen, Stresshormone abbauen – und nicht wie so viele Menschen mit offenem Mund schnarchend im „Kampf- oder Fluchtmodus“ bleiben.

Also denken Sie daran, atmen Sie durch die Nase. Das Atmen durch den Mund macht Stress. Es bewirkt buchstäblich, dass Ihr Körper mehr Stresshormone bildet.

Bewegen Sie sich

Okay, wenden wir uns nochmals dem Körper zu und sehen wir, wie wir Stress und Entzündungen noch anders lindern können: durch Bewegung nämlich. Die Sache mit der Bewegung ist, dass sie tatsächlich ein äußerst wirksames Mittel zur Erhaltung der geistigen Gesundheit ist. So hat man festgestellt, dass Ausdauertraining in 50 Prozent der leichten bis mittelschweren Depressionen das Mittel der Wahl ist. Und dazu braucht es nicht einmal viel: 20 Minuten dreimal pro Woche genügen, wobei Sie in einem Tempo walken oder trainieren sollten, das Sie bequem durch die Nase atmen lässt. Machen Sie nur so viel, wie Sie mit der Nasenatmung bewältigen können. In dem Moment, in dem Sie durch den Mund atmen müssen, befinden Sie sich schon wieder im „Kampf oder Flucht"-Modus, was über die hormonelle Stressantwort zu zellulärer Entzündung führt und mit der Zeit zu einer verminderten Immunität.

Einer der Gründe, warum manche Menschen trotz allen Sports nicht abnehmen, ist, dass sie immer mit offenem Mund nach Luft schnappen. Das alles erhöht Stresshormone und zelluläre Entzündung. Wenn Sie langsam und gleichmäßig durch die Nase atmen, werden Sie feststellen, dass Ihr Brustkorb mit der Zeit flexibler wird. Sie können dann schnell gehen und sogar laufen und dabei allein durch die Nase atmen.

Dr. John Douillard, Gründer von LifeSpa in Boulder, Colorado, und Autor von *Body, Mind, and Sport*, hat Leuten sogar beigebracht, den Mount Everest ohne zusätzlichen Sauerstoff zu besteigen. Mit der richtigen Atmung konnten sie ihre Gefäße auch bei körperlicher Anstrengung mit Sauerstoff versorgen. Ich selbst kenne Athleten, die leicht, fröhlich und bequem laufen und dabei allein durch die Nase atmen. Sie mussten das allerdings üben. Wer stattdessen beim Training nur durch den Mund atmet, ist oftmals anschließend ausgelaugt, steif und müde und verflucht den Sport.

Durch all die Veränderungsprozesse, die wir angesprochen haben – sich von dem eigenen Vampir abgrenzen, alte Wunden heilen und so weiter –, mag sich so manche oder so mancher vielleicht in der Übergangszeit ein wenig unbestimmt fühlen. Das ist mit ein Grund, warum ich ein paar simple Übungen empfehle. Machen Sie dreimal pro Woche einen 20-minütigen Spaziergang. Auch im Flur in der Wohnung oder im Einkaufszentrum auf und ab gehen zählt, wobei draußen sein immer besser ist. Aber fangen Sie da an, wo Sie sind. Das alte Sprichwort „Ein gesunder Geist in einem gesunden Körper" ist wirklich wahr. Bewegung verändert das Gehirn ganz genauso wie die Muskeln.

Eine andere Sache, die dem Körper nicht guttut, ist das lange Sitzen. Manche Leute bezeichnen Sitzen schon als das neue Rauchen. Sitzt man mehr als sechs Stunden pro Tag, erhöht sich das Risiko für fast alles – vom Herzinfarkt über Schlaganfall bis hin zu Diabetes und Krebs. Selbst wenn Sie regelmäßig Sport treiben, hebt längeres Sitzen viele der guten Effekte wieder auf. Das Sitzen wird vom Körper als „Zustand der Schwerelosigkeit" empfunden. Und dadurch verlieren wir auf lange Sicht unser Gleichgewicht, unsere Vitalkapazität, Knochendichte und unser Herzminutenvolumen – genauso wie Astronauten, die im All lange schwerelos waren.

Dr. Joan Vernikos, ehemaliger Direktor der Life Sciences Division der NASA, war für die Gesundheit des Astronauten John Glenn, dem ersten Amerikaner im All, verantwortlich, als dieser im Alter von 77 Jahren noch einmal eine Mission unternahm. Vernikos sagt, dass allein durch das Aufstehen alle 20 bis 30 Minuten auch Menschen im Rollstuhl (sofern sie nicht gelähmt sind) wieder laufen lernen können. So wirkt die Kraft der Bewegung gegen die Schwerkraft. Deshalb sage ich den Leuten, dass sie zumindest alle 30 Minuten aufstehen und sich wieder hinsetzen sollten. Dies gilt insbesondere für Menschen wie Sie, die sich nach ihrem Vampirabenteuer in einem geschwächten Zustand befinden.

Viele der körperlichen Symptome, die wir mit dem Älterwerden in Verbindung bringen – Schmerzen, eingeschränkte Beweglichkeit und schlurfender Gang – entstehen durch die Verdickung und das

Verkleben der Faszien. Faszien sind ein bindegewebiges Netzwerk, das alles im Körper verbindet. Es verbindet die Haut mit den Muskeln, umhüllt und durchzieht diese und verbindet sie wiederum mit den Knochen und allen Organen in einem durchgehenden, ununterbrochenen Hüllgewebe.

Im Laufe des Lebens können unsere Faszien als Folge von körperlichem, emotionalem oder mentalem Stress fester werden, vernarben und sich verdicken – und Stress hatten Sie in Ihrer Vampirbeziehung genug. Stress führt zu Entzündungen und Verdickungen, weil die Gewebefasern verkleben. Mit der Zeit wird dadurch der freie Fluss von Bewegung und Energie im Körper eingeschränkt.

Der Grund für die eingeschränkte Bewegung liegt auf der Hand. Da die Faszien im Körper miteinander verbunden sind, wirkt sich die Verdickung des Gewebes an einer Stelle auch auf alle anderen Faszien aus. Der Grund für die verminderte Energieübertragung ist etwas komplizierter. Unsere Faszien sind kristallin, und wie jeder Kristall übertragen sie Energie, was bedeutet, dass sie sehr schnell Informationen durch den Körper leiten. Wenn die Faszien jedoch sehr verhärtet und verdickt sind, nimmt ihre Fähigkeit, Energie zu übertragen, ab. Geringere Energieübertragung bedeutet, dass die „Probleme" im „Gewebe" stecken bleiben.

Ihr Körper sieht dann irgendwann alt aus und verhält sich auch so. Wie meine medial veranlagte Freundin und Faszienexpertin Hope Matthews immer sagt: „Das ist nicht dein Alter, das sind deine Faszien." Doch glücklicherweise ist es nie zu spät, die Faszien wieder in einen jugendlichen, elastischen und gut durchfeuchteten Zustand zu versetzen.

Durch das Dehnen und Bearbeiten des Fasziengewebes bleibt Ihr Körper in einem Topzustand. Denn dadurch halten Sie ihn nicht nur flexibel, sondern aktivieren auch die Akupunkturmeridiane. Diese Meridiane sind wie Leitbahnen, in denen die Energie durch den Körper fließt. Auch sind sie mit den Organen verbunden. Durch ihre Aktivierung können Sie heilende Energie an die mit ihnen verbundenen Organe senden, was gerade nach einer Vampirbeziehung sehr förderlich ist.

Die richtige Körperhaltung ist für die Gesunderhaltung der Faszien und Organe ebenfalls von großer Bedeutung. Unsere moderne Umgebung zwingt uns zumeist in eine nach vorn gebückte Haltung und andere falsche Bewegungsmuster. So belastet etwa das fortwährende Betrachten unseres Handys mit dem Kopf nach unten unseren Nacken, was sich wiederum in einem verhärteten Fasziengewebe zeigt. Dabei gibt es durchaus natürliche, gesunde Körperhaltungen, wie sie von Sportlern, Kindern und Menschen in traditionellen Gesellschaften auf der ganzen Welt verwendet werden, wo man keine Rückenschmerzen kennt. Richtig sitzen, stehen, beugen und bewegen lässt sich durchaus lernen. Führend auf diesem Gebiet ist hier Esther Gokhale, Autorin von *Nie wieder Rückenschmerzen*. Sie lehrt eine gesunde Körperhaltung, mit der sich die strukturelle Integrität des Körpers wiederherstellen lässt.

Das gezielte Dehnen der Faszienmeridiane verbessert nicht nur die Körperhaltung und den Muskeltonus. Es hilft auch bei der energetischen Abgrenzung von anderen Menschen. Wie Sie sich sicher vorstellen können, hält das auch Energievampire auf Abstand. Meine Trainerin Hope Matthews, auch eine versierte Hochsensible, hat mir erzählt, dass sie nachts nicht mehr von unerwünschten Besuchern „heimgesucht" wird, seit sie mit dem regelmäßigen Dehnen angefangen hat. Ich beziehe mich hier im Übrigen auf eine Stretchingmethode, bei der sich gegen einen Widerstand gedehnt wird – in der Art wie Hunde oder Katzen es tun, wenn sie sich nach dem Schlafen erheben – oder wie Sie es tun, wenn Sie morgens gähnen und die Hände über den Kopf strecken. Denken Sie daran, dass wir hochempathischen Menschen sehr durchlässig sind. Damit Sie mehr wie Teflon und weniger wie ein Klettband werden, müssen Sie sich bewegen und Ihre Faszien in Schuss halten!

Die andere Sache, die wir von Faszien wissen, ist, dass sie unverarbeitete Emotionen speichern, die sich irgendwann als Krankheit manifestieren können. Durch die fasziale Informationsspeicherung wird unsere Biografie irgendwann auch zu unserer Biologie. Wenn Sie sich also auf neue Art bewegen, halten Sie Ihre Faszien – und Ihr Potenzial – im Fluss.

Den Speiseplan aufräumen

Ich könnte ein ganzes Buch zu diesem Thema schreiben – wie natürlich noch zig andere Leute. Weil es so viele verschiedene Ansichten zu diesem Thema gibt, will ich Ihnen an dieser Stelle nur ein paar erprobte Ratschläge dahingehend geben, wie sich niedriggradige Entzündungen im Körper vermindern lassen.

Der erste Ratschlag lautet: Iss dein Gemüse auf. Nein, Sie müssen keine Vegetarierin werden. In der Tat gibt es viele Leute, die besser mit tierischem Eiweiß klarkommen, einschließlich roten Fleisches. Dennoch ist Gemüse unabdingbar, und zwar reichlich davon. Grünes, buntes Blattgemüse. Je mehr, desto besser.

Als Nächstes sollten verarbeitete und abgepackte Lebensmittel auf ein Minimum reduziert werden, das gilt nach Möglichkeit auch für raffinierte Kohlenhydrate. Darunter fallen: Kekse, Kuchen, Brote, Brötchen und so weiter. Konzentrieren Sie sich auf Vollwertnahrung, und zwar direkt aus der Erde oder dem Meer, wenn möglich unverarbeitet. Gern Bio-Qualität und nicht genmanipuliert. Wenn das *nicht* möglich ist, segnen Sie Ihr Essen mit göttlicher Liebe (siehe Seite 165).

Und schließlich – das ist vielleicht am allerwichtigsten – vermeiden Sie Zucker. Zucker ist ein Opiat, das den Schmerz dämpft. Und wenn Sie in einer Beziehung mit einem Vampir leben, dann haben Sie – glauben Sie es mir – Schmerzen, auch wenn Sie das verstandesmäßig vielleicht nicht so sehen. In Versuchen mit Ratten, die zwischen Zuckerwasser und Kokain wählen konnten, hat sich gezeigt, dass diese häufiger zum Zuckerwasser griffen. Man schätzt, dass Zucker achtmal mehr süchtig macht als Heroin oder andere Opiate. Wenn Ratten mit Zucker gefüttert werden, können sie mit ihren Pfoten länger heiße Oberflächen berühren. Man könnte sagen, dass Zucker das Opium des Volkes ist. Deshalb sieht man auch, wie in jeder Folge einer Sitcom die Charaktere unter Stress wieder und wieder Eis, Pizza oder Chips verschlingen.

In seinem Buch *One Spirit Medizin* verweist der Anthropologe Alberto Villoldo darauf, dass eine zuckerreiche Ernährung mit den unteren Hirnregionen – den Überlebenszentren der Art – in Verbindung steht, während eine zuckerarme Ernährung mit der Aktivierung der höheren Gehirnareale verbunden ist. Diese stehen für Kreativität, Erkenntnis, Erfindungsgabe und der Verbindung zur ursprünglichen Kraft. Ich kann mich noch an Forschungsergebnisse aus den Achtzigerjahren erinnern, wo den jugendlichen Insassen des Tidewater Detention Home Virginia (Jugendarrest, Anm. d. Red.) der Zucker aus der Nahrung gestrichen wurde. Daraufhin nahmen Aggression und Gewalt drastisch ab. Es steht außer Frage, dass bei vielen Menschen Zucker (oder Alkohol, was so ziemlich dasselbe ist) gewalttätiges oder aggressives Verhalten auslösen kann. Dies deshalb, weil er uns von unserem höheren Selbst entfremdet und uns in einer niedrigeren, langsameren Schwingung verharren lässt.

Ich weiß, dass es erst einmal unmöglich erscheint, den Zucker aufzugeben, aber Sie können es schaffen. In seinem Buch *Nimmersatt?* gibt Dr. David Ludwig vom Boston Children's Hospital eine 10-tägige Einführung in ein Programm, das am Ende alle Zuckerarten einschließlich Süßstoffe ausschließt – sogar gesunde wie Stevia. Innerhalb von 10 Tagen werden die Geschmacksnerven quasi auf Werkseinstellung zurückgesetzt. Ein Apfel schmeckt dann richtig süß, genauso wie eine Süßkartoffel. Hinzu kommt, dass der Insulinspiegel sinkt und damit auch die zelluläre Entzündung, die Sie müde, schmerzempfindlich und launisch macht. Auch wird Ihr Energiefeld so weit geboostet, dass Sie regelrecht „vampirabweisend" werden.

Essen Sie bewusst

Okay, okay. Ich weiß, dass das schwer ist. Nebenbei essen ist manchmal die einzige Möglichkeit, wenn es hoch hergeht. Und manchmal will man einfach nur vor dem Fernseher sitzen und seine Ruhe haben. Das verstehe ich. Aber bewusstes Essen ist wichtig. Also, wenn Sie etwas essen wollen, dann setzen Sie sich dorthin, wo Sie ungestört sind. Und dann kauen Sie jeden Bissen 25-mal, bevor Sie ihn hinunterschlucken. Dabei werden Sie feststellen, dass Sie Ihr Essen tatsächlich schmecken. Und wenn Sie das Ihrem Körper – und Ihrem inneren Kind – zuliebe machen, werden Sie sich in einer Weise geliebt und umsorgt fühlen, wie Sie das als Kind wahrscheinlich nicht getan haben. Das ist Arbeit, ich weiß. Aber versuchen Sie es. Sie werden erstaunt sein, wie befriedigend Ihr Essen sein wird. Und wie viel weniger Sie davon brauchen. Auch die Verdauung wird profitieren, denn diese beginnt bereits im Mund. Essen auf diese Art baut im Übrigen ebenfalls Stresshormone ab. Gut für Menschen mit Vampirvergangenheit.

Schlafen Sie genug

Schlaf ist der beste Weg, um Stresshormone abzubauen und den Körper zu regenerieren. Zunehmend zeigt sich in der Forschung, wie wichtig die Schlafqualität für den Körper ist. Auch hat man in der Schule allmählich erkannt, dass ein späterer Unterrichtsbeginn für Teenager, die viel Schlaf brauchen, unerlässlich ist. In der Industrie weiß man um den Wert der Erholung für die Leistung der Mitarbeiter. Als sie noch in ihrer Firma, der Huffington Post, aktiv war, hat Arianna Huffington, Schlafaktivistin und Autorin von *Die Schlaf-Revolution*, dort Schlafräume für die Mitarbeiter eingerichtet. Wie sie mir sagte, wurden sie oft benutzt. Ich selbst habe vor Kurzem eine Liege für mein Büro angeschafft und ermutige meine Mitarbeiter, sie an den Tagen zu benutzen, an denen sie kaum noch die Augen offen halten können. Wir haben zwar alle gelernt, dass man am besten *durchhält*, doch *gut* ist das nicht.

Der Schlaf ist mein Heilmittel der Wahl, und ich empfehle ihn uneingeschränkt. Ja, ich weiß, dass es manche Leute gibt, die mit nur vier bis fünf Stunden pro Nacht auskommen, wofür sie leider auch noch gelobt werden. Seit ewigen Zeiten haben deshalb Menschen, die mehr Schlaf brauchen, das Gefühl, dass mit ihnen etwas nicht stimmt. Die Medizin ist in puncto Schlaf eine richtiggehende Machokultur. Und weiß Gott, auch ich habe mehr als genug Nachtschichten in der Notaufnahme und im Kreißsaal hinter mich gebracht. Aber dies sollte kein Vorbild sein. Wenn Sie regelmäßig unter Schlafmangel leiden, schaltet Ihr Körper in den zellulären Entzündungsmodus. Abnehmen ist dann kaum noch möglich, geschweige denn ein Leben nach dem eigenen Biorhythmus zu führen.

Wenn ich auf Reisen war oder früher aufstehen musste, als mir lieb war, habe ich anschließend immer ein, zwei Tage eingeschoben, an denen ich nicht zu einer bestimmten Zeit rausmusste. Dann habe ich solange geschlafen, wie ich wollte. Und das kann manchmal heißen 12 oder mehr Stunden am Stück. Sie haben richtig gelesen: 12 oder mehr Stunden. Schließlich schlafen die Menschenaffen, unsere nächsten Verwandten, auch 10 Stunden pro Nacht. Auch der große Albert Einstein soll 10 Stunden pro Nacht geschlafen haben. Hier ein paar Regeln für guten Schlaf:

- **Machen Sie einen elektronischen „Sonnenuntergang":** Licht von Computermonitoren, Handys und Fernsehern beeinträchtigt den Melatoninspiegel im Gehirn. Melatonin, das von der Zirbeldrüse gebildet wird, wirkt als Antioxidans und ist für eine gute Gesundheit und einen gesunden Schlaf unerlässlich. Wenn Sie bei eingeschaltetem Fernseher einschlafen, bombardieren Sie sich mit Frequenzen, die der Erholung abträglich sind. Auch elektrische Geräte regen das Nervensystem an. Gute Eltern bringen ihr Kind deshalb nicht dann ins Bett, wenn es zuvor stundenlang gewalttätige oder aufregende Fernsehsendungen gesehen hat. Besser ist ein liebevolles Ritual zum Insbettgehen, vielleicht ein Bad. Dann wird noch eine Geschichte vorgelesen und schön zugedeckt. Das dauert normalerweise zwischen 30 Minuten und einer Stunde. Doch auch wir brauchen wie das kleine Kind diese Liebe und Fürsorge. Ich nehme vor dem Insbettgehen fast immer ein warmes Bad mit einer Tasse Bittersalz. Das Magnesium darin wirkt beruhigend auf das Nervensystem. Auch lese ich ein wenig in der Badewanne.

- **Schlafen Sie möglichst im Dunkeln:** Umgebungslicht vermindert die Melatoninausschüttung. Achten Sie einmal darauf, wie wach Sie in Vollmondnächten werden, wenn der Mond in Ihr Fenster scheint. Wenn nötig, besorgen Sie sich Verdunkelungsrollos – vor allem, wenn draußen Straßenlaternen hell in Ihr Schlafzimmer leuchten.

- **Gehen Sie gegen 22 Uhr zu Bett:** Sowohl in der ayurvedischen als auch in der traditionellen chinesischen Medizin ist bekannt, dass der Leberentgiftungszyklus von 22 Uhr bis 2 Uhr morgens abläuft. Am effektivsten natürlich dann, wenn man schläft.

- **Schalten Sie Ihr Handy aus:** Ich weiß, dass das schwer ist. Wir sind süchtig nach den Dingern. Aber das eingeschaltete Handy ist gleich in mehrfacher Hinsicht schlecht: Zuerst einmal bleiben Sie für die SMS- oder E-Mail-Wünsche von Leuten verfügbar, die womöglich keine Rücksicht auf Ihren Schlaf nehmen. Das Smartphone angeschaltet zu lassen, verleitet aber auch dazu, es gleich morgens nach dem Aufwachen zu checken. Ich empfehle, dass Sie sich nach dem Aufwachen mindestens 30 Minuten Zeit zum Träumen nehmen, bevor Sie sich E-Mails oder Social Media vornehmen. Machen Sie sich diesen frischen unberührten Zustand zunutze, um sich auf den Tag einzustimmen. Meditieren Sie oder lesen Sie etwas, was Sie ermutigt, machen Sie ein, zwei Affirmationen. Und schicken Sie göttliche Liebe voraus, um damit eine gute Grundlage für den Tag zu schaffen.

- **Ziehen Sie in Betracht, sich einmal den Mund zuzukleben:** Wie ich bereits erwähnt habe, werden Sie durch das Überkleben des Mundes bald lernen, durch die Nase zu atmen, wodurch Stresshormone deutlich besser abgebaut werden als bei der Atmung durch den Mund. Mit der Zeit werden sich dadurch Ihre Kieferstellung, Ihr Brustkorb, Ihre Atemwege und Schlafqualität positiv verändern, ganz zu schweigen von den Vorteilen, die sich aus dem Wegfall des Schnarchens, der Mundatmung und der Schlafapnoe ergeben. Ich weiß, es klingt verrückt, aber versuchen Sie es. Ich nehme 3M Micropore-Papierklebeband, doch können Sie genauso gut jedes andere hypoallergene Papierklebeband verwenden.

Die andere erstaunliche Sache mit dem Schlaf ist, dass Sie sich eher an Ihre Träume erinnern, wenn Sie fest schlafen. Und Träume sind nun einmal der Weg zu Ihrem Unterbewussten, was wiederum sehr gut ist, wenn Sie an alten Verletzungen und Kindheitstraumata arbeiten. Also passen Sie auf, was Sie träumen. Lassen Sie Ihre Intuition entscheiden, ob ein bestimmter Traum einfach nur den Tag bilanziert oder eine tiefere Botschaft enthält. Betrachten Sie Ihre Träume als Botschaften aus dem Unterbewusstsein, die Ihnen zeigen, was Sie immer noch verletzt.

Eine der besten Methoden im Umgang mit Traumbotschaften bei Verletzungen ist für mich zu schauen, welche Emotionen sich dahinter verbergen. Dabei gehe ich ganz in das Gefühl hinein, versuche die dahinterstehenden Bedürfnisse zu benennen, und tue dann konkret etwas, um das Bedürfnis zu befriedigen. In meinem Traumbeispiel von oben, in dem ich packen musste, um den Zug zu erwischen – während meine Familie mich ignorierte –, war das Gefühl, mit dem ich am Morgen erwachte, tiefe Trauer darüber, keine Unterstützung oder Hilfe bekommen zu haben. Also habe ich diese Emotion zunächst benannt, die Trauer und die Verlassenheit durch mich hindurchgehen lassen. Danach habe ich die Anforderungen benannt, für die diese Emotionen standen: meinen Wunsch nach Unterstützung, das Erkennen meiner Bedürfnisse, das Gefühl, gesehen, geliebt und geschätzt zu werden. Danach habe ich mit vertrauten Menschen über den Traum gesprochen und habe umgehend Unterstützung erhalten. Dann wurde alles schnell besser.

Das war nun ein besonders dramatischer Traum. In anderen Fällen, wo mir das Ergebnis nicht gefällt, gehe ich einfach noch einmal in den Traum zurück und verändere die Traumbotschaft. So schaffe ich Situationen, die meinen unerfüllten Bedürfnissen entsprechen. Hätte ich das mit dem Traum gemacht, in dem mir niemand geholfen hat, hätte ich – wieder im Traum – um Hilfe gebeten. Meine Familie wäre dann herbeigeeilt, hätte mir meinen Koffer packen geholfen und ich wäre in Rekordzeit zum Zug gekommen. Vielleicht sogar mit einem netten Zwischenstopp für einen Kaffee! Tagträume und das Zurückgehen in den Traum im Wachzustand erschließen das Unterbewusstsein genauso gut wie ein Traum selbst. Auf diese Weise gelangen Sie direkt an Ihre unterbewussten Botschaften, die sie im Alltag entsprechend positiv verändern können. Denken Sie immer daran – Sie müssen nicht Opfer Ihrer Träume werden.

Sich um die richtigen Dinge sorgen

Gesund zu leben ist in letzter Zeit ein richtiger Hype geworden. Das kann man leicht an den vielen Nahrungsergänzungsmitteln im Drogerieregal erkennen oder den Individuellen Gesundheitsleistungen (IGeL), die Ihnen Arzt oder Ärztin neuerdings anraten. Um das eine oder andere sollten Sie sich kümmern, um anderes indessen nicht. Und weil Sie in der letzten Zeit sowieso schon genug Beziehungsstress hatten, ist mir das „Machen Sie sich keine Sorgen" ganz wichtig. Deshalb an dieser Stelle mein Best-of der gesundheitlichen Vorsorge:

Nüchterninsulin: ist tatsächlich etwas, was Sie interessieren sollte, wobei ein einfacher Test beim Arzt zeigt, wo Sie stehen. Ihr Nüchterninsulin bemisst die Insulinmenge im Blut, nachdem Sie mindestens 12 Stunden nichts gegessen haben. Warum empfehle ich, dass Sie das überprüfen sollen? Weil der Insulinspiegel oftmals schon 10 Jahre vor einer Diagnose von Typ-2-Diabetes erhöht ist. Durch diesen Test können Sie also den Zuckerstoffwechsel im Auge behalten – und wie Sie ja wissen, ist Zucker ein großes Problem für hochsensible Menschen, denen ständig Energie abgezapft wird.

Nun mag man einwenden, dass man ja genauso gut den Nüchternblutzucker untersuchen lassen kann, aber der Nüchterninsulinspiegel ist viel genauer. Der Nüchternblutzucker kann jahrelang normal sein, während die Bauchspeicheldrüse schon zu viel Insulin ausschüttet, um mit den hohen Blutzuckerwerten fertigzuwerden. Idealerweise sollte Ihr Nüchterninsulin unter 3 liegen.

Jod: Auch wenn im deutschsprachigen Raum Wasser nicht fluoridiert und chloriert wird und auch nicht alle Backwaren Bromide enthalten, haben doch viel zu viele Menschen einen suboptimalen Jodspiegel. Deshalb ist es gut, etwas zusätzliches Jod zuzuführen.

Die meisten Menschen denken bei Jod an Jodsalz, doch ist dieses nicht ganz unproblematisch. Beim Salzen empfehle ich Meersalz und rosa Himalajasalz, doch beide enthalten kein Jod. Wie also Jod zuführen, das keine Probleme macht? Essen Sie Algen, nehmen Sie Kelp-Tabletten oder geben Sie einfach ein paar Tropfen Lugolsche Lösung in Wasser. Im Allgemeinen sind sieben Tropfen einer zweiprozentigen Lugolschen Lösung in Wasser ausreichend.

Sollten Sie Schilddrüsenhormone nehmen, müssen Sie mit ganz wenig anfangen, möglichst unter kompetenter ärztlicher Aufsicht. Jod ist für eine optimale Schilddrüsen-, Eierstock- und Brustgesundheit unerlässlich. Bei vielen Frauen mit Brustschmerzen lindern sich diese durch eine Jodaufnahme in der Nahrung vollständig. Beachten Sie, dass, wenn Sie anfangen, Jod zu nehmen, Sie einen Ausschlag oder eine andere Entgiftungsreaktion bekommen können, da das Jod überschüssiges Chlor, Fluorid und Bromid auszuschwemmen hilft. Viele verwechseln das mit einer Jodallergie.

Weitere Mineralien: Aufgrund der Bodenverarmung brauchen die meisten von uns mittlerweile mehr Mineralien in ihrer Ernährung. Mineralien – insbesondere Magnesium – halten die elektromagnetische Ladung unserer biologischen Felder konstant. Sind die Vorräte erschöpft, werden wir wie ein schwergängiger Computer, der nur sehr langsam bootet.

Zu den besten Mineralquellen, die ich kenne, zählen Dr. Carolyn Deans ReMag und ReMyte, flüssiges Magnesium beziehungsweise weitere Mineralien. Dr. Dean ist die Autorin von *Magnesium* und ihre Forschung zu diesem Thema ist die genaueste, die ich kenne. Sollten Sie unter Wadenkrämpfen, Vorhofflimmern, Schlafstörungen, Kopfschmerzen oder Angstzuständen leiden, könnten dies Anzeichen eines Magnesiummangels sein. Durch die Einnahme von Magnesium in dieser flüssigen Form können Sie ohne die üblichen Nebenwirkungen des oralen Magnesiums, etwa weicher Stuhl, höher dosieren. Ich gebe je einen Teelöffel ReMag und ReMyte in einen halben Liter Wasser, was bereits etwas Himalajasalz enthält. Das Wasser bereite ich im Übrigen vor, in dem ich einen Teelöffel Himalajasalz auf vier Liter Wasser gebe. Dies lasse ich dann bei Zimmertemperatur in der Küche, damit es morgens bereits fertig ist. Da ReMag und ReMyte nicht so gut schmecken, füge ich einfach zwei Esslöffel Bio-Apfelessig hinzu.

Vitamin D: Lassen Sie Ihren Vitamin-D-Status überprüfen. Der sollte optimalerweise zwischen 40 und 60 pg/ml (Pikogramm pro Milliliter) liegen. Wer einen optimalen Vitamin-D-Spiegel hat, reduziert das Risiko für Multiple Sklerose, Herzerkrankungen, Brustkrebs und Darmkrebs um die Hälfte.

Eine gute Vitamin-D-Quelle ist im Übrigen Sonnenlicht. 30 Minuten Sonnenlicht am ganzen Körper machen – bei heller Haut – das Äquivalent von 10 000 IE (internationale Einheiten) dieses Vitamins, wobei alles unter der Haut gebildet wird. Wenn Sie dunkle Haut haben, müssen Sie länger in der Sonne bleiben, um die gleiche Menge an Vitamin D zu bekommen. Da auch dunkelhäutige Menschen sonnenbrandanfällig sind, müssen auch sie langsam anfangen und sich allmählich steigern. Für die Menschen auf der Nordhalbkugel sind das 5 bis 10 Minuten pro Tag möglichst am ganzen Körper ab Ende März und bis zu 30 bis 60 Minuten vormittags oder am späten Nachmittag im Sommer. Beachten Sie, dass Sie im Norden ab Mitte Oktober nicht mehr genug UVB-Strahlen (kurzwelliges UV-Licht) bekommen, um Vitamin D über die Haut zu bilden. Deshalb sollten Sie im Herbst, Winter sowie im zeitigen Frühjahr (und wenn Sie im Sommer nicht nach draußen kommen) mit 5000 IE Vitamin D pro Tag ergänzen.

Natürliches Licht ist auch ein Nährstoff. Wenn Sie bei Tageslicht spazieren gehen, nähren Sie Ihr Gehirn und gleichen Ihre Hormone über die Netzhaut aus.

Cholesterin: Das ist ein Bereich, in dem ich tatsächlich ein wenig von der Universitätsmedizin abweiche. Cholesterin wurde in den letzten Jahrzehnten zum Feind erklärt, was meiner Meinung nach weit mehr Schaden als Nutzen gebracht hat. Die meisten Leute müssen sich bis zu einem Wert von maximal 300 keine Sorgen um ihr Cholesterin machen. Viele Menschen in ihren Neunzigern, die sich bester Gesundheit erfreuen, haben einen Cholesterinspiegel von 260 bis 300. Leider nehmen viel zu viele Menschen Statine, welche mit Gedächtnisverlust, Muskelschmerzen und Brustkrebs in Verbindung stehen. Also, ich bin durchaus dafür, dass Sie Ihren Cholesterinspiegel testen lassen. Doch sollten Sie sich nicht einfach mit einem Rezept vom Arzt begnügen. Machen Sie sich kundig und entscheiden Sie dann.

Impfkompetenz

Seit 1991 hat sich der von der US-amerikanischen Gesundheitsbehörde CDC (Centers for Disease Control and Prevention) empfohlene Impfplan für Kinder, was die Anzahl der darin aufgeführten Impfungen betrifft, verdreifacht. Die Impfempfehlungen der deutschen Ständigen Impfkommission (STIKO) ähneln diesem, (Anm.d.Übers.). Gleichzeitig gewährte der Kongress in den USA den Impfstoffherstellern volle Immunität bei Klagen aufgrund von Impfstoffschäden. Auch die Zahl der empfohlenen Impfstoffe für Erwachsene hat sich im gleichen Zeitraum drastisch erhöht. Sobald Sie die Geschichte und die Politik um die Impfstoffe verstehen, werden Sie schnell merken, dass das ein komplexes Feld ist. Außerdem muss man wissen, dass Menschen heutzutage weniger durch Infektionskrankheiten zu Tode kommen als durch chronisch degenerative Erkrankungen.

Überlegen Sie daher sorgfältig, ob Sie sich routinemäßig gegen Gürtelrose, Grippe oder Lungenentzündung impfen lassen wollen oder nicht. Alle Impfstoffe enthalten eine Fülle von toxischen Substanzen, die sich negativ auf die Gesundheit auswirken können, insbesondere bei so hochsensiblen, empathischen Menschen.

Impfstoffe sind weder vollkommen sicher noch vollkommen wirksam. Für einen aufschlussreichen und wissenschaftlich strengen Blick auf Impfstoffe empfehle ich Ihnen dringend die Lektüre von Dr. Suzanne Humphries' Buch *Die Impf-Illusion: Infektionskrankheiten, Impfungen und die unterdrückten Fakten*. Dr. Humphries, approbierte Internistin und Nephrologin, wurde erstmals für die mit Impfstoffen verbundenen Risiken sensibilisiert, als ihre Dialysepatienten nach Routineimpfungen im Krankenhaus eine Verschlechterung der Nierenfunktion erfuhren. Also, Sie sind ja eine hochsensible Person, Sie wissen Bescheid, vor allem darüber, wie man gesund bleibt, auch wenn man Ihnen alles Mögliche weismachen will.

Lass Mutter Erde heilen

In den Tagen vor den Antibiotika wurden Menschen mit Tuberkulose in ein Sanatorium geschickt, wo sie jeden Tag in der Sonne lagen und an der frischen Luft ihre Übungen machten. Viele wurden auf diese Weise wieder gesund. Aber das haben wir in der Ära der Antibiotika vergessen, auch wenn diese an ihr Ende kommt, da der übermäßige Einsatz von Antibiotika schon zu Mehrfachresistenzen geführt hat.

Allein 20 Minuten barfuß auf Mutter Erde zu stehen reduziert, wie sich gezeigt hat, zelluläre Entzündung um 20 Prozent. Probieren Sie das mal bei einem Jetlag, Sie werden sich ganz schnell wieder erholen. Das hat damit zu tun, dass die Erde selbst negativ geladene Elektronen emittiert. Es fühlt sich gut an und ist gesund. Wenn Sie Ihre Schuhe nicht ausziehen mögen, dann halten Sie sich an einem Baum fest. Auch das wird Sie und Ihre Energie erden. Zu viel Zeit vor dem Smartphone- oder Computerbildschirm zu verbringen, ist mit allen möglichen negativen Auswirkungen auf unsere elektromagnetischen Systeme verbunden. Dem aber kann man entgegenwirken, wenn man sich regelmäßig barfuß auf den nackten Erdboden stellt.

Sich selbst erkennen

Bücher darüber, was man essen soll und wann, gibt es zuhauf, dazu solche über richtiges Sporttreiben oder ebensolches Meditieren. Hier nun mein letzter Ratschlag. Bevor Sie sich für irgendetwas entscheiden, tun Sie dies: Setzen Sie sich. Atmen Sie langsam und tief durch die Nase ein. Und nun atmen Sie langsam durch die Nase wieder aus. Das wiederholen Sie noch zweimal. Nun haben Sie Ihren Stresshormonspiegel dadurch gesenkt, dass Sie Ihr parasympathisches Nervensystem aktiviert haben. Sie sind nun bereit für eine kleine Selbstbefragung: „Wie kann ich meine Lebensenergie am besten bewahren? Wie kann ich mich und meinen Körper lieben, und zwar genau jetzt?“ Schreiben Sie die Antwort auf. Gleich wird sie da sein und Ihnen ins Ohr geflüstert.

XI. KAPITEL

Das innere Licht zum Leuchten bringen

Nun da Sie es bis hier geschafft haben, hoffe ich, dass Sie auch schon den ein oder anderen Schritt in Richtung Genesung unternommen haben, körperlich, seelisch und gefühlsmäßig. Ein allerletzter Schritt steht allerdings noch aus – einer, mit dem Sie wahrhaft ganzheitlich gesund werden und es auch bleiben. Diesen Schritt zu gehen, wird Sie praktisch vampirabweisend machen. Er gehört zum Schönsten und Befreiendsten, was ich überhaupt kenne. Dieser letzte Schritt besteht darin, sein inneres Licht zum Leuchten zu bringen – und damit ein wahrhaft erfülltes Leben zu leben. Dieser Schritt ist wie eine Impfung gegen die Dunkelheit, die uns umgibt.

Sie sind das Licht

Wenn es etwas gibt, was Sie hoffentlich aus diesem Buch gelernt haben, dann dass Sie etwas Besonderes sind. Denn natürlich hat es seine Gründe, warum Sie Energievampiren zum Opfer gefallen sind, einen Grund, warum Sie so viel arbeiten, um anderen zu helfen. Und natürlich auch, warum Sie immer diejenige sind, an die sich die Leute in schwierigen Situationen wenden. Der Grund ist, dass Sie ein Lichtarbeiter sind, eine Lichtarbeiterin. Sie sind hier auf Erden, um überall Licht und Wohlbefinden zu befestigen und gute Heilenergie auszusenden. Doch solange Sie nicht für Ihr inneres Licht einstehen, werden Sie sich nicht wirklich ganz fühlen und auch nicht die höheren Zustände der Liebe und Freude erfahren, die Sie davor schützen, dass andere sich von Ihrer Energie nähren.

Das Licht hocheinfühlsamer Menschen und alter Seelen speist sich aus ihrer Absicht, dem Göttlichen – Gott – die Hand zu reichen. Wann immer wir dies tun, verankern wir uns im Licht und strahlen immer heller heilende Energie.

Erinnern Sie sich daran, was ich am Anfang dieses Buches gesagt habe. Unsere Absicht, unser Licht, basiert immer auf Liebe, Mitgefühl und Dienstbarkeit, nicht auf Selbstopfer und Märtyrertum. Selbstaufopferung und Märtyrertum waren Werkzeuge der Dunkelheit, die Werkzeuge der Unmündigkeit. Wenn Sie Ihre Kraft verschwenden oder sich darauf versteifen, das Unlösbare zu lösen, dämpfen Sie Ihr Licht. Das ist eine der Lektionen, die zu lernen Sie gekommen sind. Und in dieser Hinsicht können Vampire durchaus gute Lehrer sein.

Wenn Sie sich in der Liebe an die erste Stelle setzen, dann stehen Sie in Ihrem Licht. Darin stehen Sie auch, wenn Sie sich eine tatsächliche oder vermeintliche „Sünde" verzeihen. Oder aus dem Kreislauf der ewigen Selbstverdammung ausbrechen. Oder auf Ihr Konto der Selbstliebe einzahlen und in aller Bescheidenheit Ihre wahre innere Größe anerkennen. Wann immer Sie Schuldgefühle haben, sich schämen oder sich gedemütigt fühlen, helfen Ihnen bei der Bewältigung die Methoden und Erkenntnisse, die Sie hier in diesem Buch gelernt haben. Indem Sie gegen die Dunkelheit angehen, sorgen Sie in dem Moment auch dafür, dass eine negative Schwingung im Kollektiv insgesamt verschwindet.

Alles, was Sie für sich selbst tun, gibt anderen die Sicherheit, es Ihnen gleich zu tun. Alles, was Sie für sich tun, tun Sie auch für das Ganze – den Bereich, in dem wir alle miteinander verbunden sind. Dann geht eine Energie von Ihnen aus, die den Menschen zeigt, dass sie gefahrlos zu ihren Gefühlen stehen können. Und es lehrt die Vampire, dass Sie als Beute nicht zur Verfügung stehen.

Das Schöne an uns hochempathischen Menschen ist, dass unser Energiefeld die Dinge verändert. Mit ihm wird die Dunkelheit erhellt und am Ende vertrieben. Das bedeutet es, eine Lichtarbeiterin zu sein. Wir sind hier, um dunkle Emotionen im Kollektiv aufzuspüren und zu verdrängen, wir sind hier, um dafür zu sorgen, dass Güte und Liebe auf dem Planeten wieder heimisch werden.

Jedes Mal, wenn wir Schmerz, Trauer, Schuld oder Sehnsucht empfinden, ist das nicht bloß unsere eigene. Wir fühlen und läutern den Schmerz und die Trauer aller. Das ist der Dienst, den zu tun wir geboren wurden, auch wenn uns das nicht immer ganz bewusst ist. Doch genauso ist es. Als Kinder konnten wir das nicht wissen, doch nun wissen wir es. Unser Licht lässt alles um uns herum heller werden. Was in der Dunkelheit verborgen war, wird plötzlich sichtbar – Vampire und ihre Machenschaften haben dann keine Macht mehr über uns und die Menschen in unserer Umgebung.

Die spirituelle Lehrerin Dolores Cannon spricht in ihrem Buch *The Three Waves of Volunteers and the New Earth* von dreierlei Menschentypen, die, auf die Erde gekommen, um diese vor einer Katastrophe zu bewahren, die Energie des Planeten verändern. Hochempathische Menschen mit alter Seele gehören darin wohl zur zweiten Welle. Sie sind „Antennen, Leuchtzeichen, Generatoren und Energiekanäle". Weil sie mit einer ganz besonderen Energie ausgestattet sind, haben sie großen Einfluss auf andere. Wobei sie in dieser Hinsicht weniger *tun* als vor allem *sein* müssen. Ihre Energie, so hat man mir gesagt, teilt sich anderen schon mit, wenn sie bloß durch ein volles Einkaufszentrum oder einen Supermarkt gehen. So stark ist ihre Energie, was diese Menschen allerdings nicht bewusst wahrnehmen. Das Paradoxe ist, dass sie sich, obwohl sie die Menschen energetisch beeinflussen sollen, nicht wirklich wohl in deren Nähe fühlen. Deshalb bleiben viele von ihnen lieber allein zu Hause, um den Kontakt mit anderen zu vermeiden. Damit aber verfehlen sie ihre Bestimmung.

Die Dunkelheit

Doch nun zum Eigentlichen. Dunkelheit gibt es in der Welt, aber es gibt sie auch in uns, und zwar bei allen Menschen. Wir haben die Wahl zwischen der Dunkelheit oder dem Licht. Sie können so hell oder so dunkel werden, wie Sie wollen. Es liegt an Ihnen. Ich kann mich an eine Stelle in Paulo Coelhos Buch *Elf Minuten* über eine Frau aus Brasilien erinnern, die in dem Glauben auf einen besseren Job und ein besseres Leben ein Angebot in die Schweiz annahm. Bei der Ankunft wurde ihr klar, dass sie in einem Bordell arbeiten sollte. Während die meisten ihrer Kunden Typen waren, die man in einem Bordell erwarten würde, gab es einen Mann, der nur reden wollte. Er erwies sich als ein sehr scharfsinniger spiritueller Berater für sie. Als einer ihrer Kunden sadomasochistische Praktiken verlangte, warnte ihr Mentor sie davor, sexuelle Energie mit Erniedrigung, Schmerz und Scham zu verbinden. Weil es für sie am Ende in einen Abgrund mit ungewissem Ausgang führen würde. Und es würde immer mehr Energie von ihr fordern. Doch so ist es am Ende mit allem, was wir tun. Wir können uns für die Dunkelheit entscheiden oder für das Licht.

Unser dunkler Teil ist der Teil, der sagt: „Ich glaube diesen ganzen Unsinn nicht. Ich bin nichts Besonderes, ich hab einfach nur ein bisschen Pech gehabt." Oder „Jeder ist sich selbst der Nächste" und „Am Ende ist der Mensch des Menschen Feind". Dunkelheit befördert den Unglauben. Doch sie weiß genau, dass auch eine Skeptikerin, schaut sie nur genau hin, etwas sieht, was die Dunkelheit verschwinden lässt. Und genau das will sie um jeden Preis verhindern. Dafür tut sie alles, was in ihrer Macht steht. Und deshalb finden auch so viele Menschen keinen Zugang zu ihrem inneren Licht. Stattdessen finden sie spirituelle Interessen „beknackt". Sie denken: Feen? Engel? Gebete? **Sie wollen mich wohl veräppeln.**

Als ich Medizin studiert habe, sagte einmal ein Kollege zu mir: „Ich kann nicht glauben, dass du ein Buch über Engel liest. Eine Frau von deiner Intelligenz. Komm schon." Der Glaube an frühere Leben, Energiefelder, Blütenessenzen und Dinge jenseits der Newton'schen Physik? Das sind doch alles Märchen und nichts für intelligente Menschen. Aber genau hier finden Sie das Licht. Wenn Sie das schwer Fassbare ablehnen, machen Sie dadurch Ihren Zugang zum Licht nur noch schmaler, und dann sitzt die Dunkelheit auf Ihnen wie ein Alb.

Unsere Gesellschaft ist auf Dunkelheit begründet. Autoritäten haben die Menschen gegeneinander ausgespielt, um Kriege zu führen. Unternehmen achten nur noch auf den Gewinn, weil Geld das Maß aller Dinge ist. Schulen befördern Angst und Stress, um bloß nicht die gesellschaftlichen Erwartungen zu enttäuschen. Dieser Druck und all die schlechten Nachrichten rund um die Uhr führen einen schnell in Verzweiflung und Pessimismus und machen einen umso anfälliger für Gier, Manipulation oder Sucht, um den Schmerz zu betäuben. Doch genau daraus, dass Sie verzweifeln und den Eingebungen der Dunkelheit erliegen, die Ihr Leiden zu lindern verspricht, schöpft die Dunkelheit ihre Macht. Sie stehen vor der Wahl, die Tür zum Licht aufzumachen.

Das dunkle Ding in Ihnen wird Sie solange begleiten, wie Sie auf Erden sind. Die Dunkelheit hat freie Hand, bis Sie anfangen, die Dinge infrage zu stellen. Schon allein, wenn Sie fragen: „Wer bin ich?", fällt Licht herein. Durch Ihre Entscheidungen und Ihre Gedanken bekommen Sie allmählich wieder die Kontrolle über die Dunkelheit zurück. Bitte merken Sie sich: Sie sind mächtiger als alles Dunkle auf der Welt. Sobald Sie sich entschließen, ins Licht zu treten, verliert die Dunkelheit an Einfluss auf Sie. Dann wird sich Ihr Leben zum Besseren wenden.

Aber damit es so weit kommt, müssen Sie sich entscheiden, aus dem Bannkreis der Angst herauszutreten. Sie dürfen nicht zulassen, dass Sie ein Leben in Angst und Sorge leben. Achten Sie nur einmal auf folgende Wortwahl, allesamt Ausdrücke, die zeigen, wie bestimmend Angst und Sorgen sind. Angst essen Seele auf, möchte man sagen. Die dunklen Anteile sind es, die Ihnen einflößen: „Ich komme nicht weiter", „Ich bin zu alt", „Krank werden im Alter ist normal", „Für mich ist es zu spät", „Das ist nicht zu ändern". Alles negative Aussagen. So arbeiten Angst und Dunkelheit. Haben sie einmal Land gewonnen, sind auch den Vampiren Tür und Tor geöffnet.

Angst fängt im Bauch an. Eine Schwingung, dazu angetan, Menschen zu manipulieren. Angst treibt im Übrigen auch die Schulmedizin an. Wenn Sie diese Untersuchung nicht machen, könnten Sie sterben, wenn Sie dieses Medikament nicht nehmen, auch. Wenn

Sie nicht lernen, wie man die Angst kontrolliert, wird sie Ihren Verstand beherrschen und allmählich Ihr Leben bestimmen.

Ersticken Sie die Angst im Keim. Ich weiß, das klingt einfacher, als es ist. Das nächste Mal, wenn Sie sich bei einer ausweichenden Antwort ertappen, sagen Sie: „Stopp. Ich weiß, was du hier machst. STOPP." Loben Sie sich dafür, dass Sie die Angst erkannt haben und ihr nun begegnen. Es ist eigentlich ganz einfach. Machen Sie sich nur immer wieder klar, dass es die Angst ist, die die Dunkelheit nährt. Doch wir sind nicht dazu bestimmt, in Angst zu wandeln. Ich weiß, was Sie denken: *Das kenn ich doch alles schon. Die Affirmationen und das ganze positive Zeug. Es funktioniert einfach nicht.* Doch das gilt nicht mehr, seit sich die ganze Energie 2012 verschoben hat. Die Zeiten haben sich geändert.

Sie selbst sind ein Quell der Weisheit, und deshalb sollten Sie ihn auch nutzen, um Ihre Angst zu zerstreuen. Wie Elizabeth Gilbert in ihrem Buch *Big Magic. Nimm dein Leben in die Hand und es wird dir gelingen* sagt, wird die Angst uns immer begleiten. Das wird sich nie ändern. Aber sie muss ja nicht am Steuer sitzen. Auf dem Rücksitz ist auch noch Platz. Anschnallen würde ich sie an Ihrer Stelle auch nicht, kein Grund, sie in Sicherheit zu wiegen.

Wenn Sie Ihrer Angst, Ihrem Zorn und Ihrer Traurigkeit nachgeben, befördern Sie die Dunkelheit und geben den Vampiren Kraft.

Doch wenn Sie bloß ein einziges Streichholz anzünden – ein Licht – und sagen: „Lieber Gott, zeig mir den Weg! Zeig ihn mir", wenn Sie einfach nur sagen: „Ich bin bereit, zeig mir, was ich tun soll. Ich höre." Dann müssen Sie sich nicht wundern, wenn die Liebe Ihr Herz erreicht, wenn Engel Ihre Hände nehmen und Vampire sich zurückziehen.

Das Leben auf der Erde ist kein Jammertal. Unser Ziel sollte es sein, so viel Geist (oder Gott) wie möglich in die dichte Materie zu lenken, den Himmel auf die Erde zu holen. Und genau das können wir auch, weil Gott in uns wohnt. Ganz genau, ein kleines Stück von Gott wohnt auch in Ihnen. Das ist das ganze Geheimnis – der Schlüssel zur Befreiung. Der Satz aus Hamlet „Dies über alles: Sei dir selber treu" kündet von dieser allgegenwärtigen Führung.

Alle Kulturen, die es je gegeben hat, haben sich mit der Frage beschäftigt: „Wer bin ich?", „Warum bin ich hier?" Alle geistigen Schriften, die jemals verfasst wurden, sind von von einem Menschen geschrieben worden, der in Kontakt mit dem Gott im Inneren stand. Glauben Sie ernsthaft, dass Gott – unser Schöpfer – nicht mehr mit uns spricht?

Sie können jederzeit einen Dialog mit Gott beginnen. Bittet, so wird euch gegeben. Die Sache ist einfach, dass jeder von uns ein Individuum ist. Der Gott, der durch Sie spricht, ist anders als der Gott, der durch mich spricht. Es gibt keine festen Regeln oder Packungsbeilagen. Fest steht nur, dass Göttlichkeit in Ihrer DNA codiert ist. Doch dazu müssen Sie selbst zum Licht werden.

Eines der provokantesten Dinge, die Jesus je gesagt hat, war: „Wer an mich glaubt, wird die Werke, die ich vollbringe, auch vollbringen und er wird noch größere vollbringen." Und damit meinte er, dass wir die gleiche Macht haben wie er. Das ist meines Erachtens die wirkliche Wiederkunft Christi, dann, wenn wir uns der Kraft bewusst werden, die wir die ganze Zeit schon in Körper, Seele und Verstand hatten.

Wenn Sie erst einmal die Angst und eine Opfermentalität überwunden haben, dann gibt es, was die Helligkeit Ihres Licht angeht, kein Limit. Louise Hay, die Gründerin von Hay House, in der auch die Originalausgabe dieses Buches erschien, ist ein super Beispiel dafür. Louise wuchs in ärmlichen Verhältnissen mit einem Stiefvater auf, der sie geschlagen und sexuell missbraucht hat. Ihr Kind hat sie zur Adoption freigegeben und es danach nie wiedergesehen. Mit 20 bekam sie Gebärmutterhalskrebs, den sie mit einer Ernährungsumstellung und mit Affirmationen selbst geheilt hat. Nachdem sie schließlich den Mann ihrer Träume geheiratet hat, war sie, als dieser sie um die Scheidung bat, am Boden zerstört. Aber sie hat ihrer Verzweiflung nicht nachgegeben. Sie machte weiter und war ihm später sogar dankbar, weil er, wie sie sagt, „mich überhaupt erst zu Louise Hay gemacht hat". Mit fast 60 veröffentlichte sie ihr erstes eigenes Buch *Gesundheit für Körper und Seele*. Das Buch wurde ein „New York Times"-Bestseller, nachdem sie in den großen Fernsehshows von Phil Donahue und Oprah Winfrey aufgetreten war. Und so entstand Hay House.

Hay House betreibt ein weltweites Lichtnetz. Und das alles nur, weil eine Frau beschlossen hat, ihre nicht unbeträchtliche Dunkelheit in Licht zu verwandeln. Ein Licht, das mit der Zeit immer noch heller und heller wird. Das ist wahre schöpferische Kraft.

Louise ist nur ein Beispiel unter vielen. Aber jetzt ist für uns alle die Zeit gekommen, nach unserer Macht zu greifen. Die Welt ändert sich. In der Tat strömt gerade sehr viel Licht auf die Erde – die Dunkelheit wird deutlich. Robert Fritchie, der mit dem verstorbenen Marcel Vogel studiert und 25 Jahre lang mit göttlicher Liebe gearbeitet hat, sagt, dass sich die Energie, die wir göttliche Liebe nennen, seit 2012 auf dem Planeten stabilisiert. Und deshalb ist es mittlerweile so, dass das, was früher die Heilkraft von fünf Menschen erforderte, heute mit der Heilkraft eines einzigen bewerkstelligt werden kann.

Doch täuschen Sie sich nicht. Die Dunkelheit ist nach wie vor stark. Sie hält sich wacker und zieht alle Register. Und das ist auch der Grund, warum sie – anderslautender Meinungen zum Trotz – umso schneller verschwindet, je eher Sie zur Selbstliebe bereit sind, je eher Sie für das Licht einstehen, das Sie sind – je eher Sie Freude und Optimismus verströmen. Die Dunkelheit und ihre Vampirgesellen kämpfen um ihr Leben. Aber sie wissen auch, dass das Spiel vorbei ist. Ein einziger Mensch, der das Licht verkörpert, hilft 10 000 anderen in der Dunkelheit. Zeit, das Banner der Lichtarbeiter aufzunehmen.

Für sein inneres Licht einstehen – die Praxis

Was bedeutet das nun alles in der Praxis? Es bedeutet, dass es nicht Ihre Aufgabe ist, zu leiden und sich von Vampiren jedweder Art den Schneid abkaufen zu lassen. Sie sind hier, um die Dunkelheit in Licht zu verwandeln. Wenn Ihnen also das nächste Mal jemand den Nerv raubt – und natürlich nichts selbst hinbekommt, dazu sind ja schließlich Sie da –, fordern Sie diesen Jemand auf, zu verschwinden. Seien Sie auf der Hut und denken Sie nicht immer, dass andere es gut mit Ihnen meinen. Das gilt besonders für die gut aussehenden Leute mit Ausstrahlung, bei denen man sich gleich immer so geschmeichelt fühlt. Denken Sie dran: „Man hat Sie nicht auserwählt, man hat Sie ins Visier genommen." Lachen Sie einfach.

Das nächste Mal, wenn jemand gemein ist oder Sie kritisiert, bleiben Sie bei sich und bringen sich in Ordnung. Widerstehen Sie dem Wunsch, die andere Person ändern zu wollen. Es ist auch nicht Ihre Aufgabe, die Dunkelheit bewusst zu suchen und sie willentlich erhellen zu wollen. Kümmern Sie sich nur um das, was unmittelbar vor Ihnen liegt.

Wenn jemand unhöflich oder gemein zu Ihnen ist, sagen Sie einfach „danke dafür". Und dann sagen Sie laut oder im Stillen: „Es tut mir leid, dass es Ihnen nicht gut geht. Machen Sie's gut." Das ist wie eine kurzes krasses „le** mich", nur dass es positiv gewendet ist. Für sein Licht zu stehen – und sich vor Vampiren und dem Dunklen zu schützen – bedeutet, sich selbst an die erste Stelle zu setzen.

Vor einiger Zeit erhielt ich eine E-Mail einen Bio-Hof in Oregon betreffend, der behördlicherseits mit Herbiziden behandelt wurde. Dies geschah in der Umsetzung einer Richtlinie, wonach die Unkräuter auf dem Hof als unzumutbar eingestuft wurden. Damit aber drohte der zertifizierte Bio-Betrieb seine Wirtschaftsgrundlage zu verlieren. So etwas passiert. Andauernd und überall. Und wenn Sie so wie ich die Neigung haben, die Dinge in die Hand zu nehmen, gehe ich einmal davon aus, dass Ihr Posteingang voll ist mit solchen Sachen.

Doch anstatt nun an den Bezirksbeauftragten dieser Stadt in Oregon zu schreiben – die ja immerhin am anderen Ende des Landes liegt – habe ich mich selbst gebremst. Ja, ganz genau. Ich will alle retten. So bin ich nun mal, aber ich musste einsehen, dass das nicht mein Kampf war. Es gibt so viele Dinge, mit denen ich mich allein hier in meiner kleinen Stadt beschäftige, wie zum Beispiel den Flächennutzungsplänen. Wie können wir verhindern, dass unser Ackerland als Bauland verkauft wird? Oder wie halten wir unseren Fluss sauber und schadstofffrei? All das und noch viel mehr habe ich hier direkt vor meiner Nase. Ich kann mit meinen Nachbarn darüber reden und konkret etwas tun. Wenn ich eine richtige Lichtarbeiterin sein will, dann kann ich meine Energie nicht damit verplempern und mich für eine derart entlegene Sache engagieren wie in Oregon. Mit meinem Licht muss ich mich auf meine Gemeinschaft konzentrieren.

Ein bisschen so wie meine Freundin Carolyn, die am Hudson River lebt. Als sie irgendwann ziemlich viele Öltanker direkt vor ihrer Haustür vor Anker liegen sah und auf Nachforschungen hin feststellte, dass diese Teersandöl aus dem Land brachten mit verheerenden Auswirkungen auf die Umwelt, da wurde sie aktiv. Mit Geschick und Leidenschaft brachte sie ihre Nachbarn – und sogar noch die Nachbargemeinden am Hudson River an einen Tisch –, um zusammen gegen die mögliche Umweltzerstörung an ihrem geliebten Fluss zu protestieren. Das ist Liebe in Aktion. Carolyn ist eine Kraft des Lichts, und zwar in Bezug auf das, was unmittelbar mit ihr zu tun hat.

Deshalb möchte ich vorschlagen, dass Sie genauso vorgehen. Kümmern Sie sich um das, was unmittelbar vor Ihnen liegt und nicht um das, was Sie in den Nachrichten sehen. Die Nachrichten im Privatfernsehen sind oft hochgradig manipulativ und so gestaltet, dass sie ängstlich und wütend machen. Denken Sie daran, dass 70 Prozent dessen, was Sie im privaten Mainstream-Fernsehen sehen, von der Pharmaindustrie finanziert ist. Sie hat Interesse daran, Sie gelähmt und abhängig zu halten.

Im wahrsten Sinne des Wortes.

Dafür oder dagegen

Sie arbeiten nun also daran, sich auf Ihr Licht zu konzentrieren. Darüber hinaus können Sie jedoch noch mehr tun, um sich zu schützen. Das Erste ist, *für* etwas zu kämpfen und nicht *gegen* etwas. Denn wann immer Sie gegen etwas sind, geben Sie zugleich dem, was Sie nicht wollen, eine Macht. Wenn man gegen etwas protestiert, schließt man sich einer Gemeinschaft im Aufruhr und im Kampf an. Das wiederum macht es den Machthabern (den wenigen, die die vielen durch Angst und Manipulation kontrollieren) leicht, Sie in eine kriminelle Ecke zu drücken. So aber bekommt man nur wenig unsichtbare Hilfe.

Damit Sie als kreativer Mensch Ihre volle Kraft entfalten können, müssen Sie *für* etwas sein. Wenn Sie in einer ideellen Gemeinschaft zusammenkommen, dann stehen Sie für das Gute. So eine Gemeinschaft bekommt spirituelle Unterstützung. Jeder erfährt Respekt, kann etwas gewinnen und den Erfolg unmittelbar spüren. Auch wenn meine Freundin Carolyn und ihre Gruppe protestierten, waren sie doch für etwas. Sie schlossen sich zusammen, um den schönen Lebensraum des Hudson River Valley und der Gemeinden ringsherum zu erhalten.

Hochempathische Menschen wie wir sind nicht zum Kämpfen bestimmt. Dafür fehlt uns das Nervenkostüm. Wir sind zu empfindlich. Nur wer ein großes Ego hat, hat die Ausdauer, die es braucht, um immer noch weiter und weiter zu kämpfen. Wir indessen müssen entscheiden, ob etwas zu unserer Herzensangelegenheit werden kann. Dann machen wir so lange mit, wie uns das Ganze nährt. Wir erinnern uns: Märtyrertum und Selbstaufopferung sind nicht nachhaltig. Auch wenn dieser Weg von empathischen Menschen vielfach begangen wird, hüten Sie sich vor ihm.

Alles, was in Ihr Umfeld gerät, sollte auf irgendeine Weise mit der Vorstellung verbunden sein, dass alles gut ist, sonst halten Sie sich fern. Sagen Sie Ihrem göttlichen Kern, dass das nichts für Sie ist. Denken Sie daran, Sie stehen für das Licht. Richtig umgesetzt, werden Sie dadurch für andere Licht-Menschen noch attraktiver – Energievampire müssen leider draußen bleiben.

Die andere Sache, die wir beherzigen müssen, ist, das Licht so zu sehen, wie es ist, und genau damit zu arbeiten.

Dank Hollywood stellen wir uns spirituelle Erfahrungen immer nur glamourös vor, Engelschöre und purpurner Nebel. Aber in Wahrheit ist die Verbindung mit dem inneren Licht sehr viel subtiler. Wie das schottische Engel-Medium Kyle Gray zu sagen pflegt: „Was wir brauchen, haben wir schon. Die Engel sind hier, nur wir oft nicht. Doch wenn wir dankbar sind, dann kommen wir an den gleichen Ort, wo auch die Engel sind." Wenn wir gerade strahlen, dann sind wir geschützt. Und zwar immer. Dann können die Dunkelheit und ihre Handlanger nichts ausrichten.

Weil das Licht auf der Erde zunimmt, verändert sich auch unsere DNA, was bedeutet, dass wir jetzt länger leben, als man uns gesagt hat. Solange Sie sich nur immer wieder vor Augen führen, dass Sie das Licht sind, und sich so oft wie möglich mit der göttlichen Liebe verbinden. Lassen Sie sich nicht durch Altersdiskriminierung den Schneid abkaufen.

Hören Sie auf, irgendeinem Gott außerhalb Ihrer selbst zu huldigen. Richten Sie sich nach innen. Meditieren Sie, beten Sie. Verbinden Sie sich oft mit der göttlichen Liebe. Fangen Sie an, nach der Zeitenwende zu suchen, die gerade auf der Erde passiert. Der Philosoph Rob Brezsny hat einen guten Ausdruck dafür geprägt und ein gleichnamiges Buch dazu geschrieben: *Pronoia* – der Glaube, dass das Universum sich zu Ihren Gunsten ins Zeug leugt. Die Sache ist die: Je mehr Sie nach dem Guten suchen, desto mehr werden Sie davon zu Gesicht bekommen. Und desto eher macht sich die Dunkelheit davon.

Ob Sie es glauben oder nicht, nie zuvor in der Geschichte haben wir so sicher gelebt. Es gibt weniger Kriege als je zuvor. Allerdings haben wir mehr Nachrichtenagenturen, die wegen der Einschaltquoten die ganze Sendezeit mit schlechten Nachrichten füllen. Schalten Sie ab. Schauen Sie die Mainstream-Nachrichten nur in homöopathischen Dosen, und behalten Sie im Hinterkopf, dass es hier auch um finanzielle Interessen geht.

Schauen Sie ganz bewusst auf das, was gut läuft in der Welt. In dem französischen Dokumentarfilm *Tomorrow – Die Welt ist voller Lösungen* zum Beispiel sind die Filmemacher um die ganze Welt gereist und haben dabei beobachtet, dass Kommunen und Gemeinden überall auf der Welt ihre Probleme oft gut selber lösen – ganz ohne staatliche Kontrolle. Ein Beispiel? San Francisco hat eine Recyclingquote von 80 Prozent. Oder die Bauern, die auf kleinen Flächen so viel Nahrung produzieren, dass ihre ganze Gemeinde davon leben kann. Eine meiner Lieblingserfolgsgeschichten ist in einem Kurzfilm mit dem Titel *One Hundred Thousand Beating Hearts* (Hunderttausend schlagende Herzen) dokumentiert. Darin rettet ein Rinderzüchter der alten Schule seine Gemeinde in Georgia dadurch, dass er zu einer nachhaltigen, ökologischen Landwirtschaft übergegangen ist. Er sei nicht hier, um die Welt zu retten, sagt er weise, wohl aber die Tiere auf seiner Farm.

Das Göttliche in Ihnen

Dieses Jahr habe ich im Konzert zum Ende der Spielzeit das Portland Symphony Orchestra gesehen. Der Solist für das *Violinkonzert Nr. 1 in g-Moll* von Max Bruch war ein junger Mann namens Alexi Kenney. Als er anfing zu spielen, war ich wie gebannt. So eine Geige hatte ich noch nie gehört. Es war, als ob er selbst ein göttliches Instrument sei, auf die Erde gekommen, um die Geige so erklingen zu lassen, dass die Atmosphäre wie Balsam wurde. Das Publikum war nicht minder begeistert. Als er fertig war, standen wir alle auf und jubelten anerkennend, während er immer wieder zurück auf die Bühne musste. Als Zugabe spielte er schließlich einen unglaublichen Piazzolla, den man auf YouTube hören kann. Für mich lag darin die Erfahrung des Göttlichen, direkt durch Alexis Geige zu uns gekommen. Mein Körper ist wie eine Stimmgabel für so etwas. So nähere ich mich dem Göttlichen an. Ihr Körper ist genauso, man muss nur die richtige Schwingung finden. Finden Sie heraus, was Sie zum Leuchten bringt. Und wenn Sie es gefunden haben, gehen Sie ihm nach. Fühlen Sie sich hinein. Machen Sie sich weit. Sprechen Sie darüber. Steigen Sie auf und lassen Sie sich nicht in Ihrem Intellekt gefangen halten. Und schließlich: Achten Sie auf die Veränderungen, die sich überall vollziehen. Das werden Sie nie in den Mainstream-Medien sehen.

Ich bin fest davon überzeugt, dass wir in der nächsten Dekade neue Führungspersönlichkeiten bekommen werden. Die Integrität wird ein stürmisches Comeback erleben – in der Wirtschaft, in der Politik, in der Familie. Ich sehe das kommen. Menschen in politischen Führungspositionen werden dann wieder dem Kollektiv dienen, es weder ausnehmen noch überlisten. Und weil das Bewusstsein der Menschheit zunimmt, können politische Schmutzkampagnen auch nicht mehr so viel anrichten. Dann werden wir nämlich genug haben, und die Vampire werden ganz allmählich an Einfluss verlieren. Wir werden ganzheitlich leben, von innen heraus. Wir werden die Dunkelheit auf Anblick erkennen ... sie aber nicht mehr bedienen.

Achten Sie darauf, wie sich die Regierungen verändern. Es muss nur einer den Anfang machen, dann werden die anderen folgen. Der Wettbewerb der Zukunft zwischen Unternehmen wird um Werte ausgefochten. Das Nullsummenspiel (der Gewinn des einen ist der Verlust des anderen) wird durch das Vorbild ersetzt, das die Natur selbst liefert: Es ist genug für alle da.

Wenn Sie das erst einmal in der Wirtschaft sehen, dann wissen Sie, dass es wahr ist.

Wenn wir für unser Licht einstehen und unsere Kraft nicht mehr an alle möglichen Vampire verschleudern, sind wir wie eine stehende Welle – ein Lichtnetz. Eines, das uns mit der ganzen Welt verbindet und uns Selbstvertrauen gibt. Dort finden wir unsere Wahlverwandten und fühlen uns nicht mehr allein.

Gemeinsam werden wir dann ganz behutsam die Pforte zu einer neuen Wirklichkeit aufdrücken. Und dann auf die Knie fallen, in Dankbarkeit.

ANHANG

Weiterführende Informationen

In diesem Abschnitt habe ich für Sie eine Sammlung weiterführender Informationen zusammengestellt, und zwar alles – von Büchern über Videos bis Webseiten. All dies soll Sie bei Ihrer Informationssuche unterstützen, angefangen damit, woran man Vampire erkennt, bis hin zu Ihrem gesunden Lieblingssport.

Missbrauch durch Vampire und Energieräuber erkennen und behandeln

Bücher

- *Character Disturbance: The Phenomenon of Our Age*, by George K. Simon, Jr., Ph.D., Parkhurst Brothers, 2010
- *How Did We End Up Here? Surviving and Thriving in a Character-Disordered World*, by George K. Simon, Jr., Ph.D., 2016
- *Beim nächsten Mann wird alles anders. Wie frau es vermeiden kann, immer auf den Falschen reinzufallen von* Sandra L. Brown, Patmos, Ostfildern 2014
- *Wölfe im Schafspelz. Wie Sie mit üblen Typen souverän umgehen* von George K. Simon, mvg, Landsberg/L. 1998
- *Der geheime Weg zu Freiheit und Erfolg. Wie man den Teufel in sich selbst besiegt* von Napoleon Hill, FBV, München 2018

- *Menschenschinder oder Manager.* Wenn *Psychopathen zur Arbeit gehen* von Paul Babiak und Robert D. Hare, Hanser, München 2007
- *Der Psychopath von nebenan* von Martha Stout, Springer, Wien 2006
- *Schluss mit dem Eiertanz. Für Angehörige von Menschen mit Borderline* von Paul T. Mason und Randi Kreger, BALANCE buch + medien verlag, Köln 2012
- *Gewissenlos. Psychopathen unter uns* von Robert D. Hare, Springer, Wien 2005
- *Women Who Love Psychopaths: Inside the Relationships of Inevitable Harm with Psychopaths, Sociopaths & Narcissists* by Sandra L. Brown, M.A., 2009

Dokumentarfilme und Unterhaltungssendungen

- *Big Little Lies:* siebenteilige Miniserie, die davon handelt, wie sich ein Psychopath auf die ganze Familie auswirkt
- *Doctor Foster:* ein gut gemachtes Drama über eine Ärztin und ihren Vampirgatten und darüber, wie sie es am Ende schafft
- *Enron: The Smartest Guys in the Room,* Regie: Alex Gibney
- *Going Clear: Scientology and the Prison of Belief (Scientology: Ein Glaubensgefängnis)*, Regie: Alex Gibney

Online-Quellen

- George K. Simon, Jr., Ph.D. (drgeorgesimon.com): Der Psychologe George Simon gehört zu den führenden Experten für manipulatives Verhalten und andere Persönlichkeitsstörungen. Seine Webseite erhält sehr viel Informationen zum Thema, desgleichen sein YouTube Channel: youtube.com/user/georgeksimon/videos
- Judith Orloff, M.D. (drjudithorloff.com): Psychiaterin und Bestsellerautorin (*Wenn dir alles unter die Haut geht,* Trinity, München 2018). Ihre englischsprachige Selbsthilfegruppe findet sich auf Facebook facebook.com/groups/929510143757438
- Melanie Tonia Evans (melanietoniaevans.com): Melanie ist eine Expertin auf dem Gebiet Genesung von narzisstischem Miss-

brauch. Auf ihrer Webseite gibt es einen kostenpflichtigen Kurs. Auch unterhält sie einen YouTube Channel unter Thriver TV (youtube.com/user/MelanieToniaEvans).

- Sandra L. Brown, M.A. (saferelationshipsmagazine.com): Sandra Brown ist die Gründerin des Institute for Relational Harm Reduction and Public Pathology Education, dessen Aufgabe es ist, Menschen bei der Genesung von pathologischen Liebesbeziehungen zu unterstützen. Das Institut bietet Online-Diagnosen und günstige Kurse. Ihre Interviews auf YouTube sind exzellent. Googeln Sie: YouTube Sandra Brown Women Who Love Psychopaths.
- Shrink4Men (shrink4men.com): Englischsprachige Webseite für Männer, die Opfer von gewalttätigen Beziehungen wurden, in denen Frauen die Täterinnen waren.
- Sil Reynolds, R.N., F.N.P. (motheringanddaughtering.com): Sil ist Krankenschwester, Psychotherapeutin und Mütter-Coach mit mehr als 30 Jahren Erfahrung. Zusammen mit ihrer Tochter Eliza Reynolds hat sie das Buch *Mothering & Daughtering: Keeping Your Bond Strong Through the Teen Years* verfasst. Sie unterstützt besonders Mütter dabei, sich von einer pathologischen Liebesbeziehung zu erholen.
- Survivor Treatment (survivortreatment.com): Psychologenverbund, der sich auf die Behandlung von Menschen spezialisiert hat, die Opfer von Vampirbeziehungen geworden sind; mit viel Know-how auf dem Gebiet der Persönlichkeitsstörungen. Für Therapeuten unterhält der Verbund ein Netzwerk auf LinkedIn (linkedin.com/groups/12016965).

Antientzündlich essen

- „11 Food Rules for the Ultimate Anti-Inflammatory Diet" by Dr. Gary Kaplan (mindbodygreen.com/0-22607/11-food-rules-for-the-ultimate-anti-inflammatory-diet.html)
- *Nimmersatt? Warum wir Fett brauchen, um schlank zu werden* von Dr. David Ludwig, Goldmann, München 2016

- *The Anti-Inflammatory Diet & Action Plans: 4-Week Meal Plans to Heal the Immune System and Restore Overall Health* by Dorothy Calimeris and Sondi Bruner
- *Cultured Food in a Jar: 100+ Probiotic Recipes to Inspire and Change Your Life* by Donna Schwenk
- *Autoimmunerkrankungen erfolgreich behandeln. Das 4-Schritte-Programm für ein gesundes Immunsystem von Dr. Susan Blum*, VAK, Kirchzarten 2014
- *Colorado Cleanse 4.0: 14-Day Ayurvedic Digestive Detox and Lymph Cleanse with Seasonal Cookbook* by Dr. John Douillard
- *Medical food. Warum Obst und Gemüse als Heilmittel potenter sind als jedes Medikament* von Anthony William, Arkana, München 2016
- *Heile deine Schilddrüse. Die Wahrheit über Hashimoto, Über- und Unterfunktion, Schilddrüsenknoten, -tumoren und -zysten* von Anthony William, Arkana, München 2018
- *Die Schlank-Formel* von Dr. Jason Fung, riva, München 2018

Richtig atmen

- Buteyko Clinic International, buteykoclinic.com
- Close Your Mouth: Buteyko Breathing Clinic Self-Help Manual, by Patrick McKeown

Verletzungen bearbeiten

- *Matt Kahn, Whatever Arises, Love That: A Love Revolution That Begins with You*; youtube.com/user/JulieMuse
- als Buch: *Liebe – was immer auch geschieht!* EchnAton Verlag, Ramerberg 2018
- *The Mindbody Code: How to Change the Beliefs that Limit Your Health, Longevity, and Success* by Dr. Mario Martinez
- Robert G. Fritchie, *World Service Institute and the Divine Love healing process, worldserviceinstitute.org; Being at One with the Divine: Self-Healing with Divine Love; Divine Love Self Healing: The At Oneness Healing System*

- Divine Love Healing Process webinar (free): worldserviceinstitute.org
- *Repetition: Past Lives, Life, and Rebirth* by Doris Eliana Cohen, Ph.D.

Ängste und innere Stärke

- *Big Magic. Nimm dein Leben in die Hand und es wird dir gelingen* von Elizabeth Gilbert, Fischer Verlag, Frankfurt 2017
- Brené Brown (brenebrown.com): *Daring Greatly: How the Courage to Be Vulnerable Transforms the Way We Live, Love, Parent, and Lead; The Gifts of Imperfection: Let Go of Who You Think You're Supposed to Be and Embrace Who You Are*
- Dr. Mario Martinez (biocognitive.com): Dr. Martinez arbeitet mit Menschen auf der ganzen Welt über Skype; die Themen reichen von Gewicht abnehmen über Süchte bis zu innerer Stärke.

Gesund bewegen

- *Body, Mind, and Sport: The Mind-Body Guide to Lifelong Health, Fitness, and Your Personal Best* von John Douillard
- The Center for Intuitive Movement Healing, with Hope Matthews and Chris Renfrow, thecenterforintuitivemovementhealing.com
- Clear Passage, clearpassage.com; hier hat man sich auf Faszienarbeit nach Operationen, bei Darmbeschwerden und Unfruchtbarkeit spezialisiert
- *Designed to Move: The Science-Backed Program to Fight Sitting Disease and Enjoy Lifelong Health,* by Joan Vernikos, Ph.D.
- *Nie wieder Rückenschmerzen* von Esther Gokhale, riva, München 2013
- „John F. Barnes's Myofascial Release"-Ansatz auf myofascialrelease.com
- Katy Bowman, M.S., Nutritious Movement (nutritiousmovement.com): Katy Says podcast; *Move Your DNA: Restore Your Health through Natural Movement*
- Rodney Yee, yeeyoga.com

- *Sitzen gefährdet Ihre Gesundheit! Mit einfachen Bewegungen die gesundheitsfördernden Wirkungen der Schwerkraft im Alltag nutzen* von Joan Vernikos, VAK, Kirchzarten 2015

Stressreduktion

- *Gesund durch Meditation. Das große Buch der Selbstheilung mit MBSR* von Jon Kabat-Zinn, Knaur, München 2013
- Nick Ortner (thetappingsolution.com): *The Tapping Solution: A Revolutionary System for Stress-Free Living*

Zum inneren Licht stehen

- Esther Hicks (abraham-hicks.com): *Ask and It Is Given: Learning to Manifest Your Desires*
- Lee Carroll (kryon.com): Hier gibt es viele englischsprachige YouTube-Videos, die erbaulich und informativ besonders für alte Seelen zu empfehlen sind
- Louise Hay (louisehay.com; healyourlife.com): *Gesundheit für Körper und Seele*, Ullstein, Berlin 2008 (div. Auflagen)

Literatur

Äußerst dankbar bin ich für die Interviews, die ich mit Experten auf den themenrelevanten Gebieten führen konnte. Mit so kenntnisreichen Menschen zu sprechen wie Sandra Brown, George Simon, Mario Martinez und vielen anderen war ebenso wertvoll wie die vielen schriftlichen Belege, die mir zugänglich gemacht wurden. Im Anschluss findet sich eine Aufstellung mit Büchern und Aufsätzen, die beim Schreiben dieses Buches Verwendung fanden.

American Psychological Association, *Stress in America: Our Health at Risk* (2012): www.apa.org/news/press/releases/stress/2011/final-2011.pdf

Bradley Hagerty, Barbara, „When Your Child Is a Psychopath", *The Atlantic* (Juni 2017): www.theatlantic.com/magazine/archive/2017/06/when-your-child-is-a-psychopath/524502

Brezsny, Rob, *Pronoia Is the Antidote for Paranoia, Revised and Expanded: How the Whole World Is Conspiring to Shower You with Blessings* (Berkeley, CA: North Atlantic Books, 2009)

Brown, Sandra L., *How to Spot a Dangerous Man Before You Get Involved* (Alameda, CA: Hunter House Publishers, 2005)
Beim nächsten Mann wird alles anders. Wie frau es vermeiden kann, immer auf den Falschen reinzufallen, Patmos, Ostfildern 2014

Cannon, Dolores, *The Three Waves of Volunteers & the New Earth* (Huntsville, AR: Ozark Mountain Publishing, Inc., 2011)

Carroll, Lee, *Alchemy of the Human Spirit: A Guide to Transition into the New Age (Kryon Book Three)* (San Diego, CA: The Kryon Writings, Inc., 1995)

Partnering with God: Practical Information for the New Millennium (Kryon Book Six) (San Diego, CA: The Kryon Writings, Inc., 2002)
The Recalibration of Humanity: 2013 and Beyond (San Diego, CA: The Kryon Writings, Inc., 2013)
Cohen, Doris, *Repetition: Past Lives, Life, and Rebirth* (Carlsbad, CA: Hay House, Inc., 2008)
Colosio, Marco et al, „Neural Mechanisms of Cognitive Dissonance (Revised): An EEG Study", *The Journal of Neuroscience* 24 (April 2017): 3209–16: doi.org/10.1523/JNEUROSCI.3209-16.2017
Dean, Carolyn, *Magnesium*, Kopp, Rottenburg 2016
Decety, Jean et al, „An fMRI Study of Affective Perspective-Taking in Individuals with Psychopathy: Imagining Another in Pain Does Not Evoke Empathy", *Frontiers of Human Neuroscience* (Sept 24, 2013): doi.org/10.3389/fnhum.2013.00489
Diagnostisches und Statistisches Manual Psychischer Störungen DSM-5® Deutsche Ausgabe herausgegeben von Peter Falkai und Hans-Ulrich Wittchen, mitherausgegeben von Manfred Döpfner, Wolfgang Gaebel, Wolfgang Maier, Winfried Rief, Henning Saß und Michael Zaudig, Hogrefe, Göttingen 2015
Festinger, Leon, *Theorie der kognitiven Dissonanz,* Huber, Mannheim 2012
Gilbert, Elizabeth, *Big Magic,* Fischer, Frankfurt 2017
Goleman, Daniel, *Dialog mit dem Dalai Lama. Wie wir negative Emotionen überwinden können,* dtv, München 2005
Hare, Robert D., *Gewissenlos. Die Psychopathen unter uns,* Springer, Wien 2005
Hendricks, Gay, *Lebe dein Leben, bevor es andere für dich tun*, Knaur, München 2011
Huffington, Ariana, *Die Schlaf-Revolution,* Plassen, Kulmbach 2016
Humphries, Suzanne, *Die Impf-Illusion. Krankheiten, Impfungen und die unterdrückten Fakten*, Kopp, Rottenburg 2016
Kahn, Matt, *Liebe – was immer auch geschieht!* EchnAton Verlag, Ramerberg 2018
Lipton, Bruce, *Intelligente Zellen,* Koha, Burgrain 2016

Ludwig, David, *Nimmersatt?,* Goldmann, München 2016
Martinez, Mario, „Fibromyalgia: The Learning of an Illness and Its PNI Correlates“: www.academia.edu/8794606/Fibromyalgia_The_Learning_of_an_Illness_and_its_PNI_Correlates.
The MindBody Code: How to Change the Beliefs that Limit Your Health, Longevity, and Success (Boulder, CO: Sounds True, 2014)
The MindBody Self: How Longevity Is Culturally Learned and the Causes of Health Are Inherited (Carlsbad, CA: Hay House, Inc., 2017)
Maté, Gabor, *When the Body Says No: Understanding the Stress-Disease Connection* (Hoboken, NJ: John Wiley & Sons, 2011)
McClelland, David C. and Carol Kirshnit, „The Effect of Motivational Arousal through Films on Salivary Immunoglobulin A“, *Psychology & Health* 2 (1988): dx.doi.org/10.1080/08870448808400 34
Miller, Gregory E., Edith Chen, and Karen J. Parker, „Psychological Stress in Childhood and Susceptibility to the Chronic Diseases of Aging: Moving toward a Model of Behavioral and Biological Mechanisms“, *Psychological Bulletin* 137, no. 6 (Nov 2011): 959–997: dx.doi.org/10.1037/a0024768
Orloff, Judith, *Wenn dir alles unter die Haut geht. Das Überlebenshandbuch für Empathen und Hochsensible*, Trinity, München 2018
„Researchers Predict Cognitive Dissonance by Looking at Brain Activity“ *Neuroscience News* (May 17, 2017): neurosciencenews.com/cognitive-dissonance-brain-activity-6709
Richo, David, *Wie die Seele erwachsen wird. Lieben lernen, Grenzen setzen, innerlich reifen*, Hugendubel, Kreuzlingen 2005
Roberts, Andrea L. et al, „Association of Trauma and Posttraumatic Stress Disorder with Incident Systemic Lupus Erythematosus (SLE) in a Longitudenal Cohort of Women“, *Arthritis & Rheumatology*, Accepted Author Manuscript: doi:10.1002/art.40222
Schoenthalter, Stephen J., „The Effect of Sugar on the Treatment and Control of Antisocial Behavior: A Double-Blind Study of an Incarcerated Juvenile Population“, *International Journal of*

Biosocial Research 3, no. 1 (1982): 1–9
Schulze, L. et al, „Gray Matter Abnormalities in Patients with Narcissistic Personality Disorder", *Journal of Psychiatric Research* 47, no. 10 (October 2013): 1363–9
Simon, George, *Character Disturbance: The Phenomenon of Our Age* (Marion, MI: Parkhurst Brothers Publishers, Inc., 2011)
„How to Recognize True (and False) Contrition", A Cry for Justice (March 4, 2013): cryingoutforjustice.com/2013/03/04/how-to-recognize-true-and-false-contrition-by-dr-george-simon-jr
Wölfe im Schafspelz. Wie Sie mit üblen Typen souverän umgehen, mvg, Landsberg/L. 1998
Stojanovich, L. and D. Marisavljevich, „Stress as a Trigger of Autoimmune Disease", *Autoimmunity Reviews* 7, no. 3 (January 2008): 209–13
Stout, Martha, *Der Soziopath von nebenan,* Springer, Wien 2006
Wolynn, Mark, *Dieser Schmerz ist nicht meiner,* Kösel, München 2017
Van Veen, Vincent et al, „Neural Activity Predicts Attitude Change in Cognitive Dissonance", *Nature Neuroscience* 12 (2009): 1469–74: doi.org/10.1038/nn.2413
Vernikos, Joan, *Sitzen gefährdet Ihre Gesundheit! Mit einfachen Bewegungen die gesundheitsfördernden Wirkungen der Schwerkraft im Alltag nutzen,* VAK Verlag, Kirchzarten 2015
Villoldo, Alberto, *One Spirit Medizin,* Arkana, München 2016
Wolynn, Mark, *Dieser Schmerz ist nicht meiner,* Kösel-Verlag, München 2017

Danksagungen

Zunächst einmal habe ich mich bei all den Energieräubern zu bedanken, die mein Leben nicht mehr heimsuchen. Ohne euch hätte ich nicht die werden können, die ich heute bin.

Sehr dankbar bin ich Reid Tracy, dem Verlagsleiter von Hay House, dafür, dass er auf dieses Buch gesetzt hat, besonders auf den Titel. Ich weiß es wirklich zu würdigen, dass ich die volle Unterstützung für mein Projekt erfuhr, das mir auf den ersten Blick wie eine Hundertachtziggradwende meinerseits vorkam. Ist es aber tatsächlich nicht.

Margarete Nielsen, Geschäftsführerin von Hay House, danke ich für ihre außerordentliche Fähigkeit, mit dem Schiff des ganzen Verlages alle Klippen zu umfahren.

Laura Gray, meiner unbeirrbaren Lektorin, die mich den ganzen Weg von Maine nach South Dakota und zurück begleitet hat.

Anne Barthel, Hay-House-Lektorin der Extraklasse, deren Kenntnis und Einsicht dieses Projekt zu einem wahren Vergnügen haben werden lassen. Und natürlich zu einem besseren Buch.

Dankbar bin ich Patricia Gift, stellvertretende Verlagsleiterin und Programmchefin bei Hay House, einer wahren Seelenfreundin, die es einfach raus hat.

Richelle Fredson, Pressechefin bei Hay House, wirklich die beste, mit der ich jemals zusammenarbeiten durfte.

Ich danke dem ganzen Team von Hay House Radio. Ich mag einfach unsere Radioshow ***Flourish!*** einmal die Woche, eine globale Gemeinschaft, mit der ich immer wieder in Kontakt bin. Ebenso dem ganzen Team von Hay House. Ich kann es kaum fassen, dass ich mit einer so tollen, netten und kompetenten Truppe arbeite.

Dr. George Simon und Sandra L. Brown, M.A., bin ich sehr dankbar dafür, dass sie auf dem Gebiet der Persönlichkeitsstörungen zu einer Zeit Pionierarbeit geleistet haben, als diese von der Gesellschaft im Allgemeinen und der Psychologie im Besonderen noch gar nicht anerkannt war. Euer Mut und die außergewöhnliche Forschungsleistung hat sehr viel für dieses Buch und für die Welt insgesamt bewirkt.

Dr. Robert Palumbo, danke für die Kompetenz aus 35 Jahren klinischer Psychologie, die mich sehr viel über Persönlichkeitsstörungen und Menschen mit Störungen gemäß Cluster B gelehrt hat.

Hope Matthews für all die Jahre, in denen sie mir geholfen hat, meine Geschichte aus meinen Faszien herauszuwringen und mir durch Training zu einem schmerzfreien und freudvollen Leben verholfen hat.

Julie Hofheimer, deren Fähigkeit, bei der Massage Unsichtbares zu entziffern, ihresgleichen sucht.

Melanie Ericksen, zauberhafte Meerjungmedizinfrau sage ich Danke dafür, dass sie in den vielen Jahren der Heilung und des Wachstums an meiner Seite war, und dafür, dass sie eine unglaublich bewanderte und einfühlsame Heilerin ist. Und nicht zu vergessen eine loyale Freundin.

Mike Perry – aka Thor – dafür, dass er mir gezeigt hat, wie witzig, hilfreich, wissend, tiefgründig, skorpionisch und zuverlässig ein Mann sein kann.

Paulina Carr – für Stunden der Dienstbarkeit und Problemlösungsbereitschaft drüben im Schulgebäude. Und dafür, dass du alles mal lächelnd, mal lachend gewuppt hast, als es hoch herging.

Janet Lambert, dafür, dass sie mein finanzielles Haus seit Jahren in Ordnung hält. Und auch dafür, dass sie so ein Wahnsinnsvorbild ist in Sachen Göttin, die nicht altert, samt Wasserskilaufen, Fallschirmspringen und Gerätetauchen.

Coulson Duerksen, meiner Webmasterin auf drnorthrup.com. Danke dafür, dass du so eine ausgewiesene Autorin und Lektorin bist und den Finger auf allem hast, was nachhaltig und gesund ist.

Pat McCabe, meinem Haushälter. Danke für magisch anmutende Allgegenwart, praktische Fähigkeiten und Loyalität. Ich weiß Sie wirklich zu schätzen.

Und schließlich Diane Grover, meiner Chefin vom Dienst in allem, meinem loyalem Samurai, meiner Hüterin der Archive, Bezeugerin aller Blutsauger, Konspirateurin in Sachen unanständiger Humor und treuer Freundin in all den Jahren.

Register

E

F

G

H

N

O/P

S